TABLE TENNIS LESSONS
乒乓球教程

王海燕 姜来 主编

化学工业出版社

·北京·

《乒乓球教程》共分7章：第一章简明扼要地阐述了乒乓球的发展历史、现状、基本概念、术语和器材；第二章和第三章采用图文一一对应的形式，详细阐述了单项技术和结合技术的动作要领、技术动作关键点、常见问题、原因和改正方法；第四章结合近年新规则和技战术发展最新思路，介绍了乒乓球常用战术套路和最新战术发展特点；第五章介绍了乒乓球双打；第六章结合乒乓球专项特点介绍了提高乒乓球运动员体能的方法；第七章竞赛规则部分重点阐述了规则的临场应用和基本竞赛方法，以契合大学选修课课时安排，并对业余乒乓球比赛的临场操作和竞赛编排进行了指导。

《乒乓球教程》可以指导读者进行乒乓球技术的自学，进而掌握乒乓球重点的单项技术、结合技术及常用战术，同时也可以辅助读者了解比赛的临场裁判工作和完成简单的竞赛编排，做到"能打、能裁、能安排"，让乒乓球爱好者、初学者收获比较充实、完整的乒乓球学习、参赛体验。

图书在版编目（CIP）数据

乒乓球教程／王海燕，姜来主编．—北京：化学工业出版社，2017.7（2025.4重印）
ISBN 978-7-122-29933-8

Ⅰ.①乒… Ⅱ.①王…②姜… Ⅲ.①乒乓球运动-高等学校-教材 Ⅳ.①G846

中国版本图书馆CIP数据核字（2017）第136403号

责任编辑：宋　薇　　　　　　　　装帧设计：张　辉
责任校对：宋　夏

出版发行：化学工业出版社（北京市东城区青年湖南街13号　邮政编码100011）
印　　装：河北延风印务有限公司
850mm×1168mm　1/32　印张8　字数206千字
2025年4月北京第1版第8次印刷

购书咨询：010-64518888
售后服务：010-64518899
网　　址：http://www.cip.com.cn
凡购买本书，如有缺损质量问题，本社销售中心负责调换。

定　价：30.00元　　　　　　　　　　　　版权所有　违者必究

前言

乒乓球被视为我国的"国球"。中国乒乓球运动员在世界舞台上的骄人战绩离不开广泛的群众基础。在大学校园中,也有很多想要参与到乒乓球运动中的爱好者,因此目前国内大部分高校开设了乒乓球选修课。

高校乒乓球选修课中普遍存在"有限的课时"和"系统的学习"之间的矛盾。编者在策划《乒乓球教程》编写方案的过程中,充分考虑了乒乓球选修课教学中的实际问题,编写时着重强化了以下几个方面内容:

(1)力求图片清晰,动作表述准确、演示真实感强:《乒乓球教程》所采用图片都是在高速摄影技术条件下,对高水平运动员真实动作的连拍,连贯而清晰的图片充分展示了技术动作中的"重心""脚步""躯干""手上动作"及"拍形"等细节,便于读者理解、模仿。

(2)图解风格讲述,在阐述技术动作关键点时重点强化了插图和文字的对应关系,以帮助读者理解技术关键点。

(3)针对技术动作,不仅阐述了技术动作的关键点,介绍了练习方法,同时还指出了不同技术动作的常见问题、原因及改正方法,有助于读者通过自学掌握技术动作和纠正自身问题。

(4)详尽介绍乒乓球规则:重点阐述了规则的临场应用和基本竞赛方法,除了可以契合大学选修课课时的安排外,也对业余乒乓球比赛的临场操作和竞赛编排进行了指导。

《乒乓球教程》可以指导读者进行自学，进而掌握乒乓球重点的单项技术、结合技术及常用战术，同时也可以辅助读者了解比赛的临场裁判工作和完成简单的竞赛编排，做到"能打、能裁、能安排"，让乒乓球爱好者、初学者收获比较充实、完整的乒乓球学习、参赛体验。

《乒乓球教程》的编写动力来源于乒乓球课堂教学，也得益于清华大学乒乓球运动热烈的氛围：一年一度的"马约翰杯"、每月举办的"积分赛"、每学期之初的"乒乓球协会招新"，每学期末同学们抢着报名的乒乓球选修课。看到学子们在课堂上下、赛场内外学习、组织、积极参与的认真态度，编者深感作为乒乓球教师，应当尽自己的所能努力回馈这个热情的群体，助他们更进一步。

本书由王海燕、姜来任主编，张恕一、曲啸任副主编，参与编写的还有王欣、李霖、孙英、姜健、韩淑娟、杨雅楠、孙大丰、王启文等。在此也非常感谢清华大学乒乓球代表队前任队长张迪洋（研究生2015级）和现任队长陈正颖（研究生2015级）担任本书技术模特，并在技术动作拍摄过程和本书动作关键点讲解部分提供了大量的建议。非常感谢摄影师郑垚和王井泉的图片拍摄工作和过程中的专业指导。另外，教材编写中参考和引用了大量文献和资料，在此对所参考资料的作者表示衷心的感谢！

限于编者水平，书中若有错漏之处，敬请专家和读者批评指正。

编 者

2017年8月

目录

第一章 乒乓球运动概论 …………………………… 1

第一节 乒乓球运动的起源与发展 …………………… 1
一、乒乓球的起源(游戏阶段——竞技阶段)………… 1
二、世界乒乓球运动的发展 …………………………… 4
三、新世纪乒乓球规则的革新 ………………………… 9

第二节 乒乓球运动重要赛事 ………………………… 9
一、乒乓球国际赛事 …………………………………… 9
二、乒乓球国内赛事 …………………………………… 13

第三节 乒乓球运动基础理论知识 …………………… 14
一、乒乓球运动常用术语 ……………………………… 14
二、乒乓球运动击球要素 ……………………………… 19
三、乒乓球运动基本环节和动作结构 ………………… 26

第四节 乒乓球器材 …………………………………… 27
一、乒乓球拍 …………………………………………… 27
二、乒乓球的选择 ……………………………………… 32

第二章 乒乓球基本技术 …………………………… 33

第一节 握拍和基本身体姿势 ………………………… 34
一、握拍技术 …………………………………………… 34
二、基本身体姿势 ……………………………………… 37

第二节　乒乓球球性的培养 ·········· 37
一、托球练习 ····························· 37
二、抛球练习 ····························· 38
三、颠球练习 ····························· 38
四、传球练习 ····························· 39

第三节　发球技术 ··················· 39
一、正（反）手平击发球 ··············· 39
二、正（反）手发奔球 ··················· 44
三、正（反）手发转与不转球 ········· 47
四、正（反）手发侧旋球 ··············· 55

第四节　推挡与反手拨球技术 ····· 61
一、直拍快推 ····························· 61
二、直拍加力推 ·························· 63
三、直拍减力挡 ·························· 65
四、直拍推下旋球 ······················· 67
五、反手拨球 ····························· 68

第五节　攻球技术 ··················· 71
一、正手攻球 ····························· 71
二、正（反）手台内挑打 ··············· 73
三、正（反）手快带 ··················· 78
四、反手（面）弹击 ··················· 80
五、正手杀高球 ·························· 82

第六节　搓球技术 ··················· 85
一、正（反）手慢搓 ··················· 85
二、正（反）手快搓 ··················· 88
三、正（反）手摆短 ··················· 92
四、正（反）手劈长 ··················· 96

第七节　弧圈球技术 …… 100
　一、正（反）手加转弧圈球 …… 100
　二、正（反）手前冲弧圈球 …… 103
　三、正（反）手反拉弧圈球 …… 107
　四、正手（中）远台对拉弧圈球 …… 111
　五、反手（面）侧拉台内球 …… 113
第八节　削球技术 …… 116
　一、正（反）手中远台削球 …… 116
　二、正（反）手削转与不转球 …… 119
第九节　基本步法 …… 124
　一、单步 …… 124
　二、跨步 …… 126
　三、并步 …… 127
　四、跳步 …… 129
　五、交叉步 …… 131

第三章　乒乓球结合技术 …… 133
第一节　发球与抢攻结合技术 …… 134
　一、发球后正手抢拉技术 …… 134
　二、发球后反手抢拉技术 …… 139
第二节　接球和抢攻结合技术 …… 141
　一、搓接后抢攻技术 …… 141
　二、推拨接后抢攻技术 …… 156
第三节　连续进攻技术 …… 162
　一、反手进攻与正手进攻结合技术 …… 162
　二、正手连续进攻技术 …… 165
第四节　削球结合技术 …… 175

一、正、反手削球结合技术 ……………………… 175
　　二、削转搓结合技术 ……………………………… 178
　　三、搓转削结合技术 ……………………………… 180
　　四、削攻结合技术 ………………………………… 182

第四章　乒乓球基本战术 …………………………… 185

第一节　战术和技术的区别与联系 ………………… 185
第二节　战术的研究与训练 ………………………… 186
　　一、战术研究注意事项 …………………………… 186
　　二、战术训练 ……………………………………… 186
第三节　常用战术行动 ……………………………… 188
　　一、发球抢攻战术 ………………………………… 188
　　二、接发球战术 …………………………………… 191
　　三、对攻战术 ……………………………………… 195
　　四、拉攻战术 ……………………………………… 197
　　五、搓攻战术 ……………………………………… 199
　　六、削中反攻战术 ………………………………… 200

第五章　双打 …………………………………………… 203

第一节　双打的特点及配对 ………………………… 203
　　一、双打的特点 …………………………………… 203
　　二、双打的配对 …………………………………… 203
第二节　双打的站位和走位 ………………………… 205
　　一、双打的站位 …………………………………… 205
　　二、双打的走位 …………………………………… 205
第三节　双打的战术及其训练 ……………………… 207
　　一、双打的战术 …………………………………… 208

二、双打的训练 ································ 209

第六章 乒乓球运动员身体素质训练 ············ 211

第一节 乒乓球力量素质训练 ············ 212
一、乒乓球力量素质特点 ············ 212
二、乒乓球力量素质训练注意事项 ············ 212
三、乒乓球力量素质训练 ············ 214

第二节 乒乓球速度素质训练 ············ 215
一、乒乓球速度素质特点 ············ 215
二、乒乓球速度素质训练注意事项 ············ 216
三、乒乓球速度素质训练 ············ 216

第三节 乒乓球灵敏素质训练 ············ 217
一、乒乓球灵敏素质特点 ············ 217
二、乒乓球灵敏素质训练注意事项 ············ 217
三、乒乓球灵敏素质训练 ············ 218

第四节 乒乓球耐力素质训练 ············ 218
一、乒乓球耐力素质特点 ············ 218
二、乒乓球耐力素质训练注意事项 ············ 219
三、乒乓球耐力素质训练 ············ 219

第五节 乒乓球柔韧素质训练 ············ 219
一、乒乓球柔韧素质特点 ············ 219
二、乒乓球柔韧素质训练注意事项 ············ 219
三、乒乓球柔韧素质训练 ············ 220

第七章 乒乓球竞赛 ············ 221

第一节 乒乓球竞赛基本规则 ············ 221
一、球台 ············ 221

二、球网装置 221

三、球 222

四、球拍 222

五、定义 223

六、合法发球 224

七、合法还击 224

八、比赛次序 224

九、重发球 225

十、一分 226

十一、一局比赛 226

十二、一场比赛 227

十三、发球、接发球和方位的次序 227

十四、发球、接发球和方位的错误 227

十五、轮换发球法 228

第二节 乒乓球裁判临场操作程序 228

一、乒乓球裁判员工作流程 228

二、乒乓球裁判员临场操作程序 229

三、裁判员手势 234

第三节 乒乓球竞赛方法 236

一、循环赛 236

二、淘汰赛 240

三、混合赛制 245

参考文献 246

第一章 乒乓球运动概论

第一节 乒乓球运动的起源与发展

乒乓球运动自19世纪末出现,至今已经有100多年的发展历史。在这个过程中,它经历了从无到有,从最初的民间游戏活动逐步演变成正式比赛项目,从区域性的竞技项目逐步发展到全球性竞技项目这样一个发展历程。在发展过程中,无论是世界还是当今乒乓球王国的"中国",其技战术、规则和器材等都随着时代的发展,发生了巨大的变化。通过本章介绍,你将会了解到关于乒乓球起源、世界乒乓球及中国乒乓球发展具体历程和未来乒乓球的发展方向。

一、乒乓球的起源(游戏阶段——竞技阶段)

1. 乒乓球运动的游戏阶段

乒乓球运动的开展最初始于民间,其起源记载也稍有偏差。目前主流看法是19世纪后期在英国由网球演变而来。相传,在英国首都伦敦,两位青年网球迷看完网球比赛后到一家高级餐厅就餐,因为天气炎热,在等候侍者上菜时,随手拿起桌上的大号雪茄烟的硬纸盒子,扇风降温。闲聊中二人为网球战术争执不休时,便拿出一只酒瓶上的软木塞当做球,以餐桌为场地,以烟盒为球拍,现场模拟实施网球战术。二人越打越激烈,引来众多食客和侍者的围观,餐厅女主人被这别开生面的游戏吸引了,情不自禁脱口而出"Table-Tennis"。很快,这项餐桌上的游戏就在英国及欧洲大学、家庭甚至王公贵族们中开展，成为当时流行的一种游戏。

1890年，英国人戴维·福斯特（D. Foster）制作了第一个"桌面网球"设备（图1-1）。1891年雅克·高斯玛（J. Gossima）也开发了相似的设备套装（图1-2）。最初的乒乓球拍是两面贴有羔羊皮纸的空心球拍，长度类似小的网球拍。发球非常随意，可像网球那样把球直接发至对方台面，亦可把球先发至本方台面，然后跳至对方台面。球则是在橡胶或软木实心球外部包一层轻而结实的毛线网（图1-3），防止弹跳的时候损坏室内家具。

图1-1　1890年"桌面网球"

图1-2　1891年"Gossima"套装

1901年，英国的退役越野跑运动员詹姆斯·吉布（J. Gibb）从美国带回了作为玩具的赛璐珞球，这种球打出来发出"乒乓"（Ping-Pong）的声音，于是有人称这项运动为乒乓球。早期也有覆着羊毛的赛璐珞球，配合像羊皮鼓一样的球拍（图1-4）。这一时期已经有很多成文的乒乓球竞赛规则以及器材说明（图1-5）。

图1-3　毛线网软木球

图1-4　早期乒乓球套装（1902年前后）

第一章 乒乓球运动概论

图1-5 乒乓球早期规则（1902年前后）

1902年，留学英国的日本东京高等师范学校教授坪井玄道将乒乓球运动带回日本。

1904年，上海四马路一家文具店的老板王道平从日本购进乒乓球器材带回上海，并亲自作推广，从此中国开始有了乒乓球运动。

1905至1910年间，乒乓球运动逐步传入中欧，而后逐步扩展到北非的埃及等地。

此阶段乒乓球运动在器材的选择和游戏方法上带有明显的网球痕迹，同时在项目开展水平上，也都还处在游戏阶段。

2. 乒乓球运动成为竞技项目阶段

第一次世界大战结束后，在伊沃·蒙塔古（Ivor Montagu）等人的推动下，曾在世界大战期间被冷落的乒乓球又重新在英国活跃起来。

1926年1月15日，在柏林国际乒乓球邀请赛期间，在德国人勒赫曼博士（G.Lehmann）的倡议下，由他和英国的伊沃·蒙塔古、罗斯（G. J. Ross）、波佩（W. J. Pope），匈牙利人雅可比（R. Jacobi）、梅德尼扬斯基（Z. Mechlovits）以及几个奥地利人，在柏林网球俱乐部召开了一次关于建立乒乓球国际组织的座谈会，会议决定成立临时国际乒乓球联合会（英文缩写ITTF，简称国际乒联），并委托英国乒协举办第一届欧洲乒乓球锦标赛。

1926年第1届欧洲乒乓球锦标赛的组织者向德国、匈牙利、威尔士、英格兰、奥地利、瑞典、捷克斯洛伐克、丹麦和印度发出了邀请，共有9个国家64名运动员参加比赛。当时的比赛没有秩序册,所有参赛选手必须在现场,由裁判员随叫随到进行比赛。运动员随意着装,有穿长裙的、长裤的,有打领带穿皮鞋的,门票免费。赛后由于印度提出了"欧洲乒乓球锦标赛欠妥",国际乒联就把这次比赛称之为"第1届世界乒乓球锦标赛"。此次事件标志着乒乓球成为正式的竞技运动项目。

图1-6　伊沃·蒙塔古

第一次国际乒联全体会议于1926年12月12日,在英国伦敦举行的第1届世界乒乓球锦标赛期间举行。会议通过了国际乒联章程,讨论并通过了乒乓球竞赛规则草案,推选英国乒协负责人伊沃·蒙塔古为国际乒联第一任主席(图1-6)。世界乒乓球锦标赛事(以下简称"世乒赛")每年举办一次。第2届世乒赛由于资金问题,推迟至1928年举行。

1940至1946年间,世乒赛因第二次世界大战而中断。1957年第24届后,世乒赛改为每两年举办一次。2003年起,单项比赛和团体比赛分别在不同年度和地点举行。截至2016年已经举办了53届。

1980年,创办了乒乓球运动的另一世界大赛:世界杯乒乓球赛,比赛每年举办一届。

1988年在韩国汉城(现在的首尔)举行的第24届奥运会,开始把乒乓球列为正式比赛项目。

乒乓球成为正式竞技项目的基本特征是国际乒乓球组织的建立、规则的制定以及国际性赛事的出现。

二、世界乒乓球运动的发展

世界乒乓球运动的发展,如果从1926年第1届世乒赛开始计算,至今大体可以分为以下几个时期。

1. 欧洲乒乓球运动的全盛时期(1926~1951年)

1926~1951年总共举办了18届比赛,仅1939年在非洲埃及

第一章　乒乓球运动概论

举办，其余均在欧洲举办。在7个正式比赛项目中，先后共有117个冠军，除美国选手取得8个冠军外，其余都由欧洲选手夺得，欧洲占绝对优势。

这一时期的主导优势打法是削球打法。在产生的35个男、女单打金牌中（第11届没有决出女子单打冠亚军），男子单打的12枚金牌和女子单打的17枚金牌都是由削球运动员获得，占单打金牌总数的83%。在1937年之前，由于比赛没有时间的限制，曾多次出现了"马拉松"式的乒乓球赛。第10届世乒赛，奥地利对罗马尼亚的男子团体决赛打了31小时。波兰的欧立克（A.Ehrlich）与罗马尼亚的巴奈斯（F.Paneth），为争夺1分球用了2小时12分钟。第11届的女单决赛，双方拉锯无法分出胜负，最终裁判叫停比赛，两位选手并列冠军。

自第11届世乒赛后，国际乒联对比赛规则进行了修改：球台加宽至152.5厘米，球网降至15.25厘米，比赛改用硬球，限制了比赛时间。三局两胜的比赛则不能超过1小时，五局三胜的比赛则不能超过1小时45分钟。如果在此时间内没有结束比赛，谁领先谁获胜。国际乒联的这些改革皆为攻球创造了有利条件，不仅促使削攻结合打法开始发展起来，而且还出现了一些以攻为主的选手，但就这一时期总体而言，攻球技术还未达到战胜削球的水平。

2. 日本队称雄世界乒坛（1952～1959年）

日本乒协于1928年加入国际乒联，1952年首次参加世乒赛。手握海绵球拍、采用直拍全攻型打法的日本队，虽然只有3男2女参赛，却一鸣惊人地夺得了女团、男单、男双和女双4项冠军。在这之后的7届世乒赛，日本队获得了共计24项次冠军。特别是1954年第21届世乒赛，日本队双获男女团体冠军；1959年第25届世乒赛，巅峰时期的日本队夺走了7项冠军中的6项。

日本长抽进攻式的打法跟海绵拍息息相关。之前常用的胶皮拍的击球力量及进攻威胁不足以攻破稳健的削球，而海绵拍却足以打败固若金汤的削球。当时这种革新曾引起许多人的反对，甚至要求予以取缔。直到1959年，国际乒联才通过了对球拍规格化的决定：运动员只准使用木拍、胶皮拍以及海绵胶拍（海绵上覆盖一层颗粒胶，颗粒可向里或向外，总厚度不得超过4毫米，其中颗粒胶的厚度不得超过2毫米）。

3. 中国队崛起，朝鲜队崭露头角（1959～1969年）

1959年第25届世乒赛，中国运动员容国团在男单比赛中连续战胜了许多世界高手，为中国夺得了有史以来的第一个世界冠军。1961年至1969年5届世乒赛，中国队仅参加了第26届、第27届和第28届的比赛，夺得21个冠军中的11个。当时中国采用的是近台快攻打法，这种打法建立在正胶海绵拍提供的速度保证，结合日本长抽、欧洲削球打法，具有"快、准、狠、变"的特性。

20世纪60年代初，日本大学生中西义治创造了一种新技术——弧圈球。由于这项新技术当时还处于初级阶段（上旋强烈，但弧线高、速度慢），仅对削球打法显示了极大的优势，而对进攻型打法并未能显示出多大的威力。然而，它对以后世界乒乓球技术的发展却起到了很大的促进作用。20世纪60年代后期，中国队没有参加第29届、第30届世乒赛，7项冠军是在欧洲、日本和朝鲜各队之间争夺的。第29届世乒赛，朝鲜男队连续战胜欧洲强队，获得团体亚军，女队亦成为世界强队之一。

4. 欧洲队复兴，中国队重整旗鼓（1971～1979年）

20世纪70年代，欧洲选手经过了近20年的蛰伏，终于闯出了一条新路，涌现出一大批有实力的年轻选手。他们兼取了中国快攻和日本弧圈球打法的优点，创造了弧圈球与快攻相结合的新打法。第31届世乒赛，19岁的瑞典选手本格森（S.Bengtsson）连续战胜了中国队和日本队的强手，一举夺得男单冠军；第32届世乒赛，瑞典男队夺走亚洲保持了20年之久的团体冠军；第33届男单决赛，是在两名欧洲选手约尼尔（I.Jónyer）和斯蒂潘契奇（A.Stipančić）之间进行的。

此时中国队也积极发展新技术，开始采用反胶海绵拍学习弧圈球进攻技术。中国队在第33届和第34届世乒赛上重新夺回男女团体冠军。但在第35届世乒赛上,匈牙利队在失去男团冠军整整27个年头之后,又从中国男队手中夺走了斯韦思林杯。而前南斯拉夫男队在经过25年之后,也重新夺得男双冠军。这些成绩标志着欧洲运动员采取的弧圈球进攻打法,在技战术方面可以和亚洲的近台快攻抗衡了。

20世纪70年代5届世乒赛,中国队共获得35个冠军中的16.5项,匈牙利和日本各获4项,瑞典队获得3项,朝鲜队2.5项。

5. 中国队攀上世界高峰,结束了世界乒坛多国抗衡的格局,演变成"中国打世界"的局面(1981～1989年)

1981年第36届世乒赛,中国队囊括了7项冠军和5个单项的亚军,创下了世界乒乓球历史上,由一个国家包揽全部冠军的空前纪录(图1-7)。此后的3届世乒赛,中国队连续三次取得6项冠军。"中国打世界"的局面开始形成。

图1-7 1981年中国队第一次夺得世乒赛全部7座奖杯合影

1988年乒乓球项目第一次进入夏季奥运会,中国队夺得四项比赛中的男双和女单两枚金牌。但在男单比赛中三位选手均未进入四强。1989年的第40届世乒赛上,中国队成绩滑至低谷,男队丢了团体、单打、双打冠军。

纵观整个20世纪80年代，以男子团体，中国队和瑞典队的数次决赛对决为例：第37届，中国男队5比1胜瑞典队；第38届，仍然以5比0胜瑞典队；第39届，5比0再胜瑞典队；到了第40届，却以0比5败在瑞典人手下。

6. "世界打中国"成绩卓著，欧洲队领先5～6年。中国队走出低谷，重攀高峰（1991年至今）

自乒乓球项目1988年进入奥运会以后，欧洲乒坛职业化迅速发展，各种比赛频繁，加上待遇优厚，极大促进了欧洲乒乓球技术的发展。"世界打中国"成绩显著：第40届、第41届、第42届世乒赛，欧洲选手连续斩获三届男团、男单冠军。特别是第41届世乒赛上，欧洲男队囊括了团体前5名，以瑞典为首的男队，已领先于中国队和亚洲各队。第41届时中国女队团体失利于韩国队屈居亚军，第42届女单比赛只有高军一人进入半决赛，这是中国女队14年来第一次在单打比赛中未能进入决赛。这一届上，男子单打前四均由欧洲选手摘得，法国名将盖亭（J.-P.Gatien）获得金牌。第44届，男单冠亚军在两位欧洲名将间决出，瑞典瓦尔德内尔（J.-O. Waldner）胜白俄罗斯萨姆索诺夫（V.Samsonov）。

中国男队在20世纪80年代末的沉寂之后，由男双项目最先走出低谷，从第40届世乒赛的第3名开始，一直上升至第42届的男双包揽金、银、铜。1995年，在天津举行的第43届世乒赛上中国队从低谷奋起，继1981年，历时14年之后，第二次夺得全部7项冠军，真正重攀高峰再创辉煌。第44届中国队又获6项冠军。第45届中国队包揽5个单项比赛的冠亚军和女团冠军，仅男团惜败于老对手瑞典队。2001年第46届世乒赛，中国队第三次实现大包揽。

在奥运赛场上的中国队同样傲视群雄。截至2016年巴西里约奥运会，奥运赛场乒乓球总计进行的32项次的比赛中，中国队共获得了53块奖牌，其中28块金牌，两次大满贯。

进入21世纪，中国乒乓球队一直站在世界的巅峰，无人能够撼动中国队的霸主地位。

三、新世纪乒乓球规则的革新

自20世纪末,国际乒联对乒乓球比赛规则进行了一系列改革。2000年10月,乒乓球由直径38毫米、2.5克,改为直径40毫米、2.7克。2001年9月,乒乓球比赛由(每局)21分制改为11分制。2002年9月,乒乓球比赛执行发球无遮挡的规定。2008年9月1日起,禁止使用有机挥发溶剂胶水,改用水质胶水黏合球拍与胶皮。2014年7月,赛璐珞球改为新塑料球。2016年吉隆坡世锦赛,国际乒联大会同意了瑞典提出的关于增加球网高度的提议,但是对于网高增加多少,还在进一步测试之中,即增加网高也只是时间问题。

这些改革的目的有3个:

(1)增加击球板数,提高比赛的观赏性。

(2)增加比赛胜负的偶然性,打破由少数国家或地区的运动员包揽金牌的局面,促进此项目的综合和良性发展。

(3)扩大乒乓球运动的市场,让更多人参与。

 第二节 乒乓球运动重要赛事

一、乒乓球国际赛事

1.世界乒乓球锦标赛

世界乒乓球锦标赛,简称"世乒赛",由国际乒乓球联合会主办,每届比赛由国际乒乓球联合会授权比赛地乒乓球协会主办,具有最广泛的影响力。首届比赛于1926年12月在英国伦敦举行。至今已经举办了53届比赛。在1928年至1939年、1947年至1957年,世乒赛每年举行1次(第二次世界大战爆发期间暂停比赛)。从1959年德国多特蒙德第25届开始改为每两年举行1次。在2001年日本大阪举办的第46届世乒赛后又改为1年1次,其中单数年进行单项比赛,双数年进行团体比赛。

1926年,世乒赛设立之初仅有男子团体、男子单打、男子双打、女子单打和混合双打5个项目,1928年举行的第2届世乒赛增设了女子双打比赛,1933年举行的第8届世乒赛又增设了女子团体比赛。

世乒赛的7个正式比赛项目,每一个项目都设有专门奖杯,并来自不同的国度,各项奖杯都是以捐赠者的姓名或国名命名的,材质都是银质的(图1-8)。男子团体冠军杯称"斯韦思林杯"(Swaythling Cup),是前国际乒联名誉主席、英国的斯韦思林夫人(Lady Baroness Swaythling)所捐赠,第1届比赛就开始设立。女子团体冠军杯称"考比伦杯"(Corbillon Cup),是原法国乒协主席马赛尔·考比伦先生(Marcel Corbillon)所捐赠,自第8届开始设立。男子单打冠军杯称"圣勃莱德杯"(St. Bride Vase),是原英格兰乒协主席伍德科先生(C. Corti Woodcock)所捐赠,以伦敦圣勃莱德乒乓球俱乐部的名称命名,第1届就开始设立。女子单打冠军杯称"盖斯特杯"(Geist Prize),是由匈牙利乒协主席吉·盖斯特先生(Dr.Gaspar

图1-8 世界乒乓球锦标赛七座冠军奖杯(左上开始,依次为斯韦思林杯、考比伦杯、圣勃莱德杯、盖斯特杯、伊朗杯、波普杯、赫杜塞克杯)

第一章 乒乓球运动概论

Geist）所捐赠，第1届就开始设立。男子双打冠军杯称"伊朗杯"（Iran Cup），由伊朗国王捐赠，第1届开始设立。女子双打冠军杯称"波普杯"（W. J. Pope Trophy），是前国际乒联名誉秘书波普先生（W. J. Pope）所捐赠，自第2届开始设立。男女混合双打冠军杯"赫杜塞克杯"（Heydusek Cup），是原捷克斯洛伐克乒协秘书兹－赫杜塞克先生（Zdenek Heydusek）捐赠的，第1届就开始设立。世乒赛的所有奖杯都是流动的，获胜者只在奖杯上刻上自己的名字。各项冠军获得者可保持该奖杯到下一届世乒赛开赛前，然后交给新的世乒赛再争夺。

中国成功承办了5届世乒赛：1961年，北京；1995年，天津；2005年，上海；2008年，广州；2015年，苏州。迄今为止，中国队总共斩获世锦赛金牌134块，其中男单18块，女单21块，男双16块，女双19.5块（第34届比赛，中国杨莹和朝鲜朴英玉组合），混双19.5块（第53届比赛，中国许昕和韩国梁夏银组合），男团20块，女团20块，成绩斐然。

2. 夏季奥运会乒乓球项目

国际奥委会在1983年召开的第84次会议上做出决定，将乒乓球正式列为1988年奥运会比赛项目，设男子单打、女子单打、男子双打和女子双打4块金牌。当时国际奥委会规定参加奥运会乒乓球比赛的运动员总人数不能超过172名，男女各86名，其中参加单打比赛的运动员为男、女各64名，参加双打比赛的运动员为男、女各22对，每个国家奥委会最多可以拥有3个单打名额和2个双打名额。到2008年开始把男、女双打项目更改为团体比赛，奖牌总数不变。2012年实行了"3变2"的瘦身，即每个国家只能有2名选手参加单打比赛。截至2016年巴西里约奥运会，奥运会总共产生了100枚奖牌。其中，中国共夺得了28金17银8铜，位列第一；韩国3金3银12铜，位列第二；瑞典1金1银1铜，位列第三。

3. 乒乓球世界杯

国际乒联从1980年起每年举办1届乒乓球世界杯赛（埃文斯

杯)。它是国际乒联委托有关国家和地区主办的另一项重要比赛。起初只设男子单打，由国际乒联指定16名运动员参加，其资格为上届单打冠军、6大洲单打冠军、主办协会推荐1名选手、国际乒联推荐2位选手及世界排名排在前6名的选手。比赛还设立奖金，按名次排列，16名运动员分获数目不等。

1990年开始增加世界杯男、女团体比赛，参赛队伍为男子16支，女子12支队伍。首届团体比赛中，男团冠军由瑞典获得，女团冠军由中国获得。1996年在香港首次举办女子乒乓球世界杯，冠军由中国邓亚萍获得。迄今为止，世界杯金牌总共77块，中国队获得59块，其中男单23块，女单19块，男团8块，女团9块。

4. 三大赛事的大满贯球员（截至2016年）

乒乓球大满贯特指运动员在乒乓球三大赛事（世锦赛、夏季奥运会、世界杯）的个人单打项目上都取得了冠军（表1-1）。

表1-1 三大赛事大满贯球员

运动员	性别	国籍	夺冠次数（获得年份）		
			奥运会	世锦赛	世界杯
瓦尔德内尔	男	瑞典	1（1992）	2（1989，1997）	1（1990）
邓亚萍	女	中国	2（1992，1996）	3（1991，1995，1997）	1（1996）
刘国梁	男	中国	1（1996）	1（1999）	1（1996）
孔令辉	男	中国	1（2000）	1（1995）	1（1995）
王楠	女	中国	1（2000）	3（1999，2001，2003）	4（1997，1998，2003，2007）
张怡宁	女	中国	2（2004，2008）	2（2005，2009）	4（2001，2002，2004，2005）
张继科	男	中国	1（2012）	2（2011，2013）	2（2011，2014）
李晓霞	女	中国	1（2012）	1（2013）	1（2008）
丁宁	女	中国	1（2016）	2（2011，2015）	2（2011，2014）
马龙	男	中国	1（2016）	1（2015）	2（2012，2015）

第一章 乒乓球运动概论

二、乒乓球国内赛事

1. 乒乓球全国锦标赛的起源和开展

全国乒乓球锦标赛是中国乒乓球协会举办的全国规模的赛事，是全国最高水平的乒乓球比赛。参赛单位为在中国乒乓球协会注册的各省、自治区、直辖市、解放军、俱乐部和行业体协乒乓球队。1952年在北京举办第1届比赛，无全国运动会的年份每年举办。全国乒乓球锦标赛设有男子团体、女子团体、男子单打、女子单打、男子双打、女子双打和混合双打7个项目。2014年、2015年的参赛运动员数量均超过500人。

2. 乒乓球全国运动会的起源与开展

全运会乒乓球比赛，以省、市、自治区、中国人民解放军和各行业体协为竞赛单位，比赛设为7个项目，分为预赛和决赛2个阶段。1959年在北京举办第1届全运会乒乓球比赛，截至2016年已经举办12届。

3. 乒乓球俱乐部超级联赛的起源与开展

中国乒乓球俱乐部超级联赛（以下简称"超级联赛"）是由中国乒乓球协会和中央电视台联合主办的国内大型赛事，前身为中国乒乓球俱乐部甲级联赛。中国的乒乓球俱乐部制度起源于1994年全国体育改革。1995年10月首届乒乓球俱乐部赛（赛会制）在广东省顺德市举行。1998年俱乐部赛由赛会制改为主客场制，并由红双喜冠名赞助。1999年，比赛正式更名为"中国乒乓球俱乐部超级联赛"。超级联赛包括了现役的全部优秀国手，并且从2000年起，向世界其他国家和地区协会的运动员开放。作为世界最高水平的乒乓球联赛，以及最顶尖的乒乓球俱乐部，吸引了众多国外高水平运动员登录中国，参加到乒乓球超级联赛中来。超级联赛每年举办。2016年中国乒超球超级联赛上共有男女各10支队伍，涵盖100余名中外优秀运动员参赛，包括了众多世界冠军以及国际乒联排名前50名的中国乒协选手，同时还有来自韩国、日本、新加坡、中国香港、中华台北等协会多位优秀选手;赛场分步在北京、天津、河北、山西、内蒙古、吉林、广东、上海、江苏、安徽、山东等地;比赛分2个阶段进行,第一阶段采用的是主客场双循环的赛制;男、女共180场比赛,获得第一阶段男、女前四名的俱乐部参加第二阶段的比赛;第二阶段则采用赛会制单淘汰,共计6场比赛,决出本赛季乒乓球超级联赛的男、女冠军;最终男子冠军为山东魏桥·向尚运动俱乐部,女子冠军为山东鲁能乒乓球俱乐部。

第三节　乒乓球运动基础理论知识

一、乒乓球运动常用术语

1.球台(见图1-9)

(1)端线:球台两端与球网平行的白线称端线,宽2厘米。
(2)边线:球台两侧与球网垂直的白线称边线,宽2厘米。
(3)中线:球台中央与边线平行的白线称中线,宽3毫米。
(4)左半台和右半台(又称1/2台):通常是指击球范围。其左右方向是以击球者本身为参照体。
(5)2/3台:是指击球范围占球台的2/3。左侧为左2/3台,右侧为右2/3台。
(6)全台:是指击球范围占整个球台,不限落点范围。

2.站位(见图1-10)

(1)站位:运动员开始击球前的基本位置,指运动员击球时,其身体与球台端线之间的距离。
(2)近台:指站位在离球台端线50厘米以内的范围。
(3)中台:指站位在离球台端线70厘米左右。
(4)远台:指站位在离球台端线100厘米以外。
(5)中近台:介于近台与中台之间的站位,站位离球台端线50~70厘米。

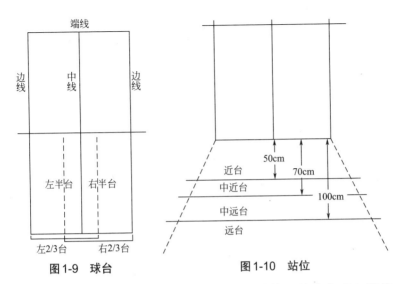

图1-9 球台　　　图1-10 站位

（6）中远台：介于中台与远台之间的站位，站位离球台端线70～100厘米。

3. 击球线路

（1）击球路线：是指球运行的水平方向，在球台上空飞行弧线的投影线。与边线平行的是直线，对角线是斜线。

（2）5条基本线路（见图1-11）：在训练中，基本的击球路线是右方斜线、右方直线、左方斜线、左方直线、中路直线。左右以击球者为标准，共3条直线2条斜线。

（3）9条基本线路（见图1-12）：右方3条，到对方的左、中、右方；左方3条，到对方的右、中、左方；中间3条，到对方的中、左、右方。

（4）击球路线有时根据运动员的执拍手命名。如右手执拍者，可以把右方斜线称为正手斜线，左方直线称为反手直线。当右手执拍者在左方侧身用右手击球时，也可将左方斜（直）线称为侧身斜（直）线。中路直线往往以击向对方身体的方向为多，一般称为追身球。

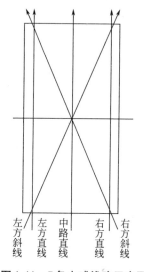
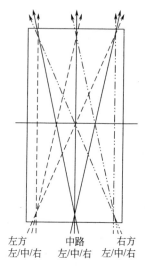

图1-11　5条击球线路示意图　　图1-12　9条击球线路示意图

4.击球时间

击球时间指来球落到本方台面弹起后,其运行轨迹从着台点上升再下降至触及地面以前的过程。具体可分为(见图1-13)。

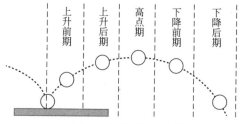

图1-13　击球时间示意图

(1)上升期:来球从台面弹起至接近最高点的这段时间,还可细分为上升前期与上升后期。

(2)高点期:来球从台面弹起在最高点附近的这段时间。

(3)下降期:来球从最高点开始下降的这段时间,还可细分为下降前期与下降后期。

5. 击球点

所谓击球点，是指击球时球拍与球体相接触那一点的空间位置。击球点的位置相对击球者身体而确定，包含三个方面的内容：

（1）击球时，球处于身体的前后距离位置、球和身体的左右远近距离及球的高低位置。

（2）击球点是和击球者、球台以及击球时间紧密联系在一起的。

（3）选择击球点应有利于发力和准确，步法要到位。

6. 击球部位

击球部位：击球时，球拍触球的位置叫击球部位。实际击球的区域为打击者视角迎球面的上下、左右一定区域，见图1-14。从上到下大致分为：上部；上中部；中上部；中部；中下部；下中部；下部。

7. 拍形

拍形可以被描述为拍面角度和拍面方向两个方面。

（1）拍面角度：击球时拍面与台面所形成的角度。拍面与水平夹角小于90度时，称为前倾；拍面与水平夹角接近90度时，称为垂直。拍面与水平夹角大于90度时，称为后仰。

拍面角度按其击球部位的不同（见图1-15），可以分为：

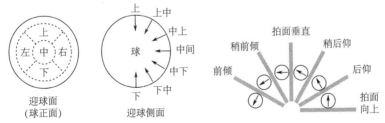

图1-14　击球部位示意图　　图1-15　击球拍面角度示意图

① 拍面前倾：拍面击球的上中部。
② 拍面稍前倾：拍面击球的中上部。
③ 拍面垂直：拍面击球的中部。
④ 拍面稍后仰：拍面击球的中下部。

⑤拍面后仰：拍面击球的下中部。

⑥拍面向上：拍面击球的下部。

（2）拍面方向：击球时，击球拍面所朝向的方向叫拍面方向。击球的右侧时，拍面向左；击球左侧时，拍面向右。

8.触拍部位

触拍部位是指击球瞬间球体触及球拍的位置。球拍的击球拍面可划分为左、右、上、下、中等部位（见图1-16）。

9.短球、长球和追身球

（1）短球又称近网球，指球落在台面的近网区，一般距球网40厘米以内（见图1-17）。

 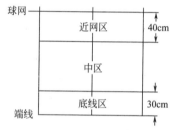

图1-16　球拍触拍部位　　　图1-17　球落点区域

（2）长球又称底线球，指球落在台面的底（端）线区，一般距端线30厘米以内（见图1-17）。

（3）追身球，指将球击到对方身体中间部位。

10.击球节奏和摆速

（1）击球节奏：击球时由于击球时间、发力大小、摩擦球厚薄等因素而形成在击球速度上的快慢不同，称为击球节奏。

（2）摆速：一般是指持拍手摆动的快慢。

11.发力方向与发力方法

（1）发力方向：是指运动员击球时向哪一个方向发力。同一个拍形可以有不同的发力方向。

（2）发力方法：是指击球时，运动员身体各部位的发力顺序和

第一章 乒乓球运动概论

主次关系。同时还要区分击球时发力是以撞击为主,还是以摩擦为主。

二、乒乓球运动击球要素

弧线、速度、力量、旋转和落点称为击球五要素。五要素之间的关系是相互联系、相互促进、相互制约、相互补充。要提高击球质量,本质上就是提高五个要素中单个要素的水平和多个要素组合水平的过程。

(一)弧线

1. 概念

球的弧线是指球离开球拍落到对方台面的飞行轨迹。

2. 组成

击球弧线是由第一弧线和第二弧线组成(见图1-18)。其中第一弧线是指球被球拍击出后落到对方台面为止的飞行弧线。第二弧线是指球从对方台面弹起直至碰到其他物体(球拍、地面等)为止的这段飞行路线。弧线都是由弧高、打出距离、弧线弯曲度和弧线方向等组成。其中弧高指弧线最高点与台面形成的高度;打出距离指击球点与落点之间的水平距离;弧线弯曲度与弧高成正比,与打出距离成反比;弧线方向以击球者为准,主要是向左、右的方向。

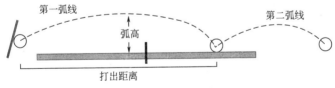

图1-18 击球弧线

3. 影响因素

(1)用力方向:击球的用力方向不同,飞行弧线的弧高和球的打出距离也不同。

① 在来球比网高的情况下,除向前用力外,还附加一定向下的用力(即向前下方用力),将会使球飞行弧线曲度适当降低,球的

打出距离缩短，从而使球落到台上而不出界。

② 在来球比网低，甚至比台面低的情况下，除向前用力外，还附加一定向上的用力（即向前上方用力），使球的飞行弧线曲度适当增高，并把球的打出距离相应缩短，从而使球落到台上而不会出界。

（2）拍面角度：击球时，球拍触球的部位，主要是由拍面角度的变化决定。球拍触球部位不同，球的飞行弧线曲度和打出距离也不同。

① 在用力方向和大小相同的情况下，拍面的前倾角度越大，击球弧线的曲度越低，打出的距离也越短。相反，如果拍面略后仰，拍面触球的中下部，将会使球飞行弧线曲度增高，球的打出距离加长。

② 如果不改变球拍的用力方向，在搓比较转的下旋球下网时，球拍可以稍微后仰一点，以增加击球的弧线曲度。在回击弧圈球时，拍面则应保持一定的前倾角度，降低回球弧线曲度，避免球出界。

（3）发力大小：击球力量的大小，对球飞行的弧线曲度和球的打出距离的影响是不同的。

① 在用力方向及拍面角度相同的情况下，击球发力大，球速快，回球飞行的弧线曲度会相应高，球的打出距离也会加长；相反，击球发力小，球速慢，回球弧线的曲度则会相应降低，球的打出距离也会缩短。

② 当来球离网较远，而且击球点较低的情况下，利用加大击球力量（加快球速），增高击球弧线曲度和加长球的打出距离，可保证击球既有一定的高度，又有一定的远度。当来球离网较近，而且击球点比网低的情况下，减小击球的力量（减慢球速），降低弧线曲度（但必须保证越网的高度），缩短球的打出距离，才不会使球出界。

（4）旋转：旋转对乒乓球飞行弧线的影响有着重要意义。因为在每一板的击球中，乒乓球始终具有一定的速度和旋转。根据流体力学中流速越快，压强越小，流速越慢，压强越大的伯努利定律，旋转着的乒乓球，不管是上旋、下旋，还是侧旋，其飞行弧线也都遵循着流体力学的这一定律。因此，在其他条件相同的情况下，下旋球比不转球的弧线要高、要长。同样的道理，飞行的左侧旋球，球的飞行弧线就向右拐。右侧旋球的飞行弧线是向左拐。

乒乓球飞行弧线受到多种因素影响，所以我们在击球时，不仅要根据来球距网远近、弹起高低、旋转情况以及回击时间的不同来确定自己的回击方法，而且击球时还要注意用力方向、拍面角度变化、发力大小以及旋转性能等因素对乒乓球飞行弧线的影响。只有尽可能使主观情况（回击方法）符合客观要求（来球情况），制造合适的乒乓球飞行弧线，才能提高击球的命中率。

（二）力量

1.影响因素

力量是通过球拍作用于球体体现出来的。触球时，球拍的瞬时速度越大，则击球力量越大，反之越小。而触球时球拍的瞬时速度与挥拍的加速度和击球距离有密切关系。

（1）挥拍加速度相同时，击球距离越大，球拍触球的瞬时速度就越大，击球力量就越大，反之越小。

（2）挥拍距离一定时，加速度越大，球拍触球的瞬时速度就越大，击球力量就越大，反之越小。

2.提高击球力量的一般方法

（1）选择合理的击球位置：及时移动步法，抢占有利位置，尽可能保证身体与击球点保持一定距离，以加快挥拍速度。

（2）提高肌肉工作效率：击球前，充分向后引拍，保证手腕、手臂、腰和腿等肌肉拉长，以进行快速收缩。

（3）选择正确的击球时间和击球点：保证击球点在身体侧前方，掌握好正确的发力时机。击球后，身体各肌肉尽快放松，准备下次反击。

（三）速度

1.概念

指从对方来球落到我方台面上，到弹起被我方球拍回击后又落到对方台面上，这一过程所用的时间。所用时间越短，击球速度越快。它和生物力学上的速度概念有所不同。

2. 影响因素

（1）还击来球所需时间（来球第二弧线时间）：这段时间是从对方来球击中己方台面的瞬间算起，到己方回球时球拍触球的一瞬间为止。击球所需时间长短，除受对方来球的速度、力量、旋转、落点等因素影响外，主要取决于己方击球时间的早晚。击球时间越早，击球所需的时间越短；反之则长。因此，尽可能提早击球时间，缩短第二弧线，就成为缩短击球所需时间的一个重要条件。

（2）球体飞行时间（即击球第一弧线时间）：在飞行弧线长度一定的情况下，球的飞行速度越快，球在空中飞行的时间越短；反之则长。在球飞行速度相同的情况下，飞行弧线越短，球在空中飞行的时间越短；反之则长。

3. 提高击球速度的一般方法

（1）击球时尽量靠近球台，缩短第一弧线距离。

（2）在来球上升期击球，缩短第二弧线反弹距离。

（3）加快挥拍速度，充分发挥前臂和手腕的作用。

（4）击球时增加向前发力，降低弧线高度，缩短飞行时间。

（5）提高动作速度、反应速度和步法移动速度等。

（四）旋转

1. 旋转产生的原因

击球时，如果力的作用线通过球心，球只作平动而不产生旋转（见图1-19）；如果力的作用线偏离球心，那么通过球心的力，为撞击力，使球产生平动，让球前进；垂直向上的力就是摩擦力，这是让球产生旋转的根本原因（见图1-20）。

图1-19　力的作用线通过球心

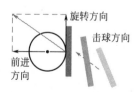

图1-20　力的作用线偏离球心

2.乒乓球的旋转轴及其旋转种类（见图1-21）

根据击球者的视角（球的飞离方向），击出旋转可以分为：

（1）上下轴（竖轴）：通过球心与台面相垂直的轴。球向左旋转为左侧旋球，球向右旋转为右侧旋球。

（2）左右轴（横轴）：通过球心与乒乓球飞行方向垂直的轴。绕球体上方向前旋转为上旋转球，绕球体上方向后旋转为下旋球。

（3）前后轴（纵轴）：通过球心与球的飞行方向相平行的轴。根据击球者方位，绕此轴顺时针方向旋转为顺旋球，逆时针旋转为逆旋球。

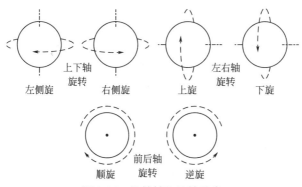

图1-21 旋转轴和旋转种类

3.影响旋转强弱的因素

（1）挥拍的用力方向：在同等击球力量的条件下，力臂越大，摩擦力也越大，旋转就越强；反之则越弱。力的作用线越是远离球心，力臂就大，摩擦力会相对增强，前进速度会相对减慢；力的作用线越接近球心，力臂就小，摩擦力也会相对减小，前进速度则会相对加快。

（2）击球力量：在具有相同力臂的条件下，击球力量越大，旋转也越强，反之越弱。击球力量的大小，决定于挥拍速度，挥拍速度越快，尤其是击球瞬间的速度越快，拍对于球的摩擦作用也越强；反之则越弱。

(3)球拍的黏性:黏性越好,摩擦力也越大,因而旋转也越强,反之则越弱。反胶海绵拍由于表面柔软,黏性较好,不仅能使拍与球的摩擦力增大,而且还能使拍与球相互作用的时间适当加长,从而更有利于增强球的旋转。另外,球拍表面变形程度不同,导致击球时,球与拍面接触的时间长短不同,使得作用力发生变化。通常球拍表面越软,黏性越大,接触的面积和时间会相应增大,摩擦力较硬表面接触时强。

(4)触拍部位:球拍的不同部位击球,对球的旋转强弱有一定影响。在挥拍速度一定时,用靠近拍柄的部位(上部)触球则半径小,触球点的线速度也小;反之,用靠近拍头的部位(下部)触球,则半径大,触球点的线速度也大。因此,在打加转球时,应尽量用比较靠近拍头的部位击球(见图1-22)。

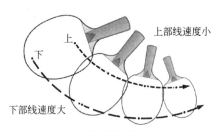

图1-22 击球时触拍部位运动速度

4.提高击球旋转的方法

(1)击球时,使力的作用线远离球心。

(2)加大挥拍击球的力量。

(3)选用黏性较好的球拍。

(4)采用球拍合适的部位击球。

5.对付旋转球的方法

(1)调节拍面方向和角度。

(2)主动发力对付旋转。主动发力不易吃球,不敢打反而容易吃转。

(3)用速度对付旋转,如突击性强,挥拍速度快,提高单位时间的击球次数。

（4）以转制转，以不转制转，诸如顺旋转击球、逆旋转击球和避转法击球。

（五）落点和线路

1.概念

乒乓球的落点是指球的着台点。从击球点到着台点之间所形成的线，叫击球路线。

2.落点和线路的重要性

（1）满足战术需求，控制场上局面。俗称"落点刁，球路活"。

（2）扩大对方的跑动范围：最大限度地调动对方，使对方在前、后、左、右跑动中击球。例如，长短球结合、逼大角度、交叉攻击左右大角等，增加对方回球的难度。这样的落点给对方造成的威胁大，不仅可以调动对方大范围左右移动，而且有助于摆脱对方的控制。

（3）增加对方让位和击球的难度：攻追身球，落点越接近对方身体，对方就越难让开。回击近网球，让对方无法拉弧圈球，不易发力。落点让对方越"别扭"越好，使对方不能及时占据合适的击球位置，勉强回击造成回球失误或影响击球质量。

（4）在了解对方球路的情况下，进一步回击对方弱点和压制对方特长技术的发挥：紧逼对方的技术弱点，既能够有效抑制对方的特长，又有利于充分发挥自己的技术。

3.提高落点变化能力的方法

（1）固定落点练习：在基本技术练习时，将球台划分为若干区域，要求运动员将球回击到所规定的范围内。

（2）按规定击球路线进行落点变化练习：如一点打多点、多点打一点；逢斜变直、逢直变斜等练习。

（3）采用多球练习方法：要求运动员将不同落点、不同旋转性质、不同速度和力量的来球回击到某一击球区域或规定区域。

（4）加强腕关节灵活性：经常进行变化拍形角度和拍面方向的练习。

三、乒乓球运动基本环节和动作结构

1. 击球环节

在每一次对打的过程中,每一次击球所包含的基本因素就叫击球的基本环节,根据击球的前后顺序,具体分为以下5个基本环节。

(1)准备:包含两方面的内容,一是身体方面的准备,包括站位、身体姿势等;另一个是心理方面的准备,眼睛紧盯对方,时刻准备回击来球。

(2)判断:根据对方的站位、击球时间、击球部位、拍形角度、拍面方向、发力方法,特别是拍触球时的情况,及球在空中飞行的弧线、速度、旋转特点等来判断对方来球的性能。

(3)移动步法:根据判断结果和准备使用的还击技术,迅速采用合适的步法移动到理想的击球位置。如果没有灵活快速的步法,到达不了理想的位置,则会出现手快脚慢的现象,导致直接失误或还击质量差,造成被动。

(4)击球:采用合理技术把球击回。挥拍击球的质量好坏,不仅取决于技术掌握得如何,而且还取决于步法是否到位。有时一个容易还击的半高球,由于步法移动慢,动作不到位,容易导致失误。这种现象在初学者中普遍存在,所以重视步法移动是非常重要的。

(5)还原:击球后,身体重心迅速还原成准备姿势,或调整重心,使身体保持平衡,以便于随时对下一个来球进行新的判断,可以迅速移动步法去还击。

乒乓球比赛中,每个回合都是5个基本环节的不断循环,直到任何一方出现失误为止。在任何一次击球过程中,哪一个环节处理不好,都会造成被动和失误。因此,可以说比赛的过程,就是努力保持自己击球的基本环节不被破坏,而力求破坏对方击球基本环节的过程。

2. 动作结构

(1)选位:击球位置是根据对方来球的落点和旋转性能及本方

所要采取的还击方法来确定的。击球开始，要求调整好两脚位置、身体重心和身体姿势，做好挥拍击球的准备。

（2）引拍：是指挥拍击球前的准备动作，包括引拍方向和引拍位置。引拍方向的高低与球的高低、球的性质、击球点的选择有关。它决定着回球的旋转性能。要想使球呈下旋，就必须向上引拍，要使回球呈上旋，就应向下方引拍。引拍距离的大小与发力的大小成正比。

（3）迎球挥拍：指从引拍后的位置到击中来球这段过程。挥拍方向影响回球路线。挥拍速度的快慢决定球速的快慢和旋转的强弱。

（4）球拍触球：指球拍与球接触时一刹那的动作。球拍触球时，拍面所朝的方向决定击球路线。拍面角度决定触球部位，并直接影响击球准确性。这一环节是乒乓球击球技术的关键，它直接决定击球的效果和命中率。

（5）随势挥拍：这是指球拍击球后有一段随势前挥的动作。这一动作有利于在击球结束阶段保证击球的准确性和击球效果的充分体现。

（6）放松还原：放松还原不仅能促使身体各部分肌肉的协调用力，而且是在连续击球中保持身体平衡的关键，也是保证有节奏地连续击球的重要因素。

第四节　乒乓球器材

一、乒乓球拍

　　完整的球拍包括球拍底板，海绵和胶皮三部分，组合在一起的商品也称为成品拍（图1-23）。其中，海绵和胶皮因为材质的关系，随着使用时间的推移会老化性能下降，寿命远低于底板，需要常常更换。因此，我们可以看到分开出售的球拍底板（图1-24），海绵、胶皮，或者是套胶（海绵和胶皮预先粘好，图1-25）。成品拍主要覆盖中低段的价格，对于初学者和普通爱好者来说性价比高，并且免去自己粘贴球拍的麻烦。

图1-23　成品拍　　　图1-24　球拍底板　　　图1-25　套胶

1.底板

底板可以是整块木板，多层木板，或者是复合材料制成。应用碳纤维－木板，以及钛合金－木板复合材料的球拍，获得更高的弹性，更好的操控性（增加球拍中心的高弹区面积）。而现在的底板大多在90～100克之间；厚度在5～7毫米之间。碳－木复合底板往往更轻薄，但价格通常也高出木质底板数倍。一般来说，打攻球的运动员多数选用木质稍硬、弹性略好的底板。而打守球的运动员多选用木质稍软、弹性略小的底板。但其中也有个别特殊情况。

从手柄长度和握拍方式上区分，乒乓球拍可以分为横拍（长柄）和直拍（短柄）两大类。横拍的握柄主要有三种形式，直形（ST），喇叭形（收腰柄）（FL）和人体工程学形（葫芦柄）（AN），直拍分为中式直拍（CS）和日式直拍（JP）（图1-26）。拍面形状通常有椭圆形、长方形、樽形等几种。椭圆形球拍的特点是：击球重心离拍柄较近，阻力臂短，起动迅速、调节灵活、控制稳定。方形球拍的特点是：击球重心离拍柄较远，阻力臂长，加速度大，自然抽杀威力更大。

球拍的木质底板对潮湿、高温、撞击都很敏感。平时储存过程中应该干燥避光，远离热源。在打球过程中，要特别注意球板与台面以及地面的碰撞，如在喂多球时，可采用备用板。

横拍直形扨　喇叭形扨　人体工程学形扨　中式直拍　日式直拍

图1-26　不同拍扨的球拍底板

2. 海绵

海绵即乒乓球拍上的海绵垫，是乒乓球拍必备的配件之一，也是重要的配件。硬度和厚度是球拍海绵的两大要素，直接影响了球的速度、旋转和控制效果，是选择是否适合自己的拍子的重要指标，也是大赛中球员决定自己比赛风格的重要影响因素。

硬度相同时，海绵厚度越大，力量越大，速度越快，制造旋转的效率越高，控制性降低。同厚度时，海绵较硬吃球时间较短，可以提高击球时的速度，海绵较软可增加吃球时间，在击球时手感更加柔和更易于控制。

3. 乒乓球拍胶皮

球拍表面的胶皮与球直接接触，因此胶皮的类型也直接决定着球拍的性能。胶皮有正贴和反贴两种，颗粒朝上即为正贴，朝下为反贴。正贴包括正胶、生胶和长胶，反贴则包括反胶和防弧胶皮。不同胶皮的特性比较见表1-2。

近年来反胶使用的人越来越多，国际赛场上几乎100%欧洲选手，以及80%亚洲选手都在使用。由于击球稳定，控球好，也是初学者的首选胶皮类型。颗粒直径大的反胶击球时的感觉较硬，颗粒直径小的会使反胶击球感较柔和；颗粒较高的反胶可以提高反胶的弹力，而较矮的可以使击球感变得更加稳定；颗粒密度大的反胶速度快，密度小的则比较吃球。

表1-2 不同正贴胶皮与不同反贴胶皮的比较

	正贴胶皮			反贴胶皮	
	正胶	生胶	长胶	反胶	防弧胶皮
表面特征	颗粒粗短，不透明	颗粒粗短，半透明（红色尤其明显）	细长	黏性明显	光滑且轻微发涩，几乎没有黏性
摩擦	有一定摩擦力	摩擦力小	产生反常的旋转	强	弱
性能特点	球速快，适合近台快攻	球速快，回球下沉，适合近台快攻	回球诡异，飘忽不定。易防不易攻，常用于削球	弹性好，易制造旋转和进攻	弹性小，不易主动制造旋转
举例型号	TSP SUPERSPINS	RITC 563	RITC 755	红双喜狂飙Ⅱ	RITC 804
代表选手	刘国梁（直板正面）	木子（横板反面）	福原爱（横板反面）	张继科（横板两面）王皓（直板两面）	蔡振华（横板反面）

国际乒联官方网站上会定期公布最新胶皮列表（LARC表）。厂家也会在获得批准的器材上面清晰印制国际乒联"ITTF"的标记。同时，国际乒联还规定，如拍面附着物包括黏合剂总厚度不得厚于4毫米，球拍两面的胶皮必须一面为鲜红色、另一面为深黑色等。参加重大比赛必须选用国际乒联已批准使用的胶皮及粘贴胶皮用的胶水。

胶皮是球拍中老化最快的部分，除了及时更换新胶外，日常的正确保养是延长胶皮寿命的关键。同球拍底板一样，胶皮也要避免光和热。正贴胶皮使用时，需注意保持胶皮的干燥。如果在潮湿的地方打球，可使用干燥剂擦拭胶皮，以减少胶皮表面的湿度。使用之后，表面清洁可以用干净的布蘸水轻轻擦拭，然后干燥保存。反胶胶皮表面有吸附作用，黏着力强。在使用反胶时，最重要的是要保持胶皮的清洁。不要用有油的手擦拭胶皮。每次打完球后，胶皮可用清水冲净或加中性清洁剂洗净，晾干，再贴上塑料膜隔绝空气保存。

4.乒乓球拍胶水

胶水是固定胶皮、海绵和球拍底板之间不可或缺的材料,主要有无机胶水和有机胶水两类。最早的胶水是有机胶水,因为成分的缘故,会给使用者带来健康隐患。现在随着国际乒联对无机胶水鼓励政策的出台,特别是2008年奥运会以后,无机胶水彻底统治国内外正规的比赛赛场。

(1)无机胶水。主要成分是无机物黏合剂,不使用有机物作为溶剂,即水溶性胶水。无机胶水为无色、无味,清如水。目前,无机胶水还没有达到有机胶水的效果,所以器材商们在积极改进其他方面,如套胶的性能以适应没有海绵膨胀作用的无机胶水。

优势:

① 无毒。

② 不会膨胀胶皮,因此在粘新胶皮裁剪以后,不会出现干燥收缩,对不上板型的问题。

③ 对材料没有太大损伤,第一次粘不好,可以再撕重粘。

④ 胶水粘在胶皮(拍面)上不会损害胶皮。

劣势:

① 干得慢。

② 处理不好会流溅。

③ 粘在衣物上不容易清理,如果再粘上脏尘则难以清洗。

④ 黏稠,即使胶水未干,重新调整胶皮揭下后也无法再次粘贴,需要除胶。

⑤ 除胶比较麻烦。

(2)有机胶水。有机胶水的主要成分是橡胶分子和有机溶剂,溶胶挥发之后留下的橡胶分子交联成高分子,起到黏合作用。胶水的成分中通常有机溶剂的比例要高于橡胶成分,常用的有机溶剂有环己烷、庚烷等。它的气味闻起来会令人难受,时间久了还会感觉呼吸受到影响或者咳嗽、头晕等,具有毒性,对身体不利。但有机胶水价格低廉,更容易挥发干燥,价格比无机胶水低不少。因此目前仍然有很大的市场，使用时必须注意通风。

二、乒乓球的选择

一只好的乒乓球，最重要的是圆度精准、弹性良好、厚度均一，且应较为耐用。绝大部分品牌，都将乒乓球分为一星、二星和三星球（图1-27），通常球的硬度和弹性随星级的增加而增加。三星球是质量最高、弹性最好的，但它未必最耐用，因为球体硬度高，击打时受力最强，反而可能更快破裂。此外，还有大量的无星球，由于圆度往往不够精准，达不到正式比赛要求，多用于体校、球队的多球训练。

图1-27　赛璐珞"40"无星球和一星球，塑料"40+"二星球和三星球

对于一般初学者来说，选择"无缝"的一星或二星球就可以了，这样的球不仅成本较低，而且弹性相对稍弱，更容易控制，有利于技术的掌握。如果用于正式比赛，对球的要求较高，可以把球的商标朝上放置在光滑平整的台面上，用手指搓动球的"赤道"两侧，使之转动，并通过观察球的商标来判断球的转动是否稳定，以判别球是否足够圆。还可用食指和拇指分别捏住球体上对应的两点，均匀用力，感受球面的软硬度是否一致。

目前市售乒乓球分为，赛璐珞和ABS塑料两种材料。新型塑料球采用"40+"进行标注，与赛璐珞"40"标记相区分。

第二章
乒乓球基本技术

乒乓球基本技术，或称单一技术，是指完成一次有效击球动作的技术，也是构成乒乓球运动最小的技术单元。单一技术从使用的时机上可划分为发球技术，接发球技术和相持技术；主动性上面，可以分为进攻技术、防守技术和控制技术；按照球的落点可分为出台技术（如削球、弧圈球、攻球等）和台内技术（如摆短、挑打、拧拉等）。

无论哪种技术，一次完整有效的击球，都包括以下几个环节。准备：心理和身体都准备好去还击来球；引拍：调整身体姿态，球拍引至起挥点（起点），调整拍面角度，准备击球；挥拍击球：身体各部分协调发力，挥动球拍按照一定的方向运动，迎击来球；随挥还原：击球后球拍继续运动至挥动路线终点，后收力或反向发力形成支撑，使身体恢复平衡，准备迎击下一板来球。

乒乓球单一技术是结合技术以及战术组合的基础，可以相对独立的进行训练，学习和练习方式也比较灵活。运动员对于单一技术训练目标，应该做到"有长项，无短板"，即在强化特长技术的同时，尽力补足不擅长技术，以保证整体竞技水平。

在本章开始部分，特别强调徒手挥拍（空挥）练习对于乒乓球基础技术的重要性。尤其对于初学者来说，在徒手挥拍练习时，注意力能够全部集中在自身肢体动作，有助于理解和形成相对稳定的技术动作动力定型；而在有球练习时，"打到球"自然成为第一目标，注意力反射性的集中在来球和击球点选择上，很难察觉自己击球姿势是否正确。另外,徒手挥拍练习需要的场地器材更少,没有捡球的烦恼,对于初学者更加"友好"。因此建议初学者要重视和加强徒手挥拍练习。在练习的同时可借助镜子或录像手段进行自我纠正。

第一节　握拍和基本身体姿势

一、握拍技术

(一)直拍和横拍握拍技术的优势和劣势

握拍方法	相对优势	相对劣势
直拍	1. 入门容易 2. 出手快,手腕和手指灵活 3. 处理台内球和追身球有优势	1. 因护台面积有限,对步法要求高 2. 拍形难固定,反手不易发力
横拍	1. 握法简单,动作容易固定,左右都适合进攻发力 2. 成才周期相对短	1. 手腕灵活度偏弱,处理台内球和发球变化不如直拍 2. 追身球处理不如直板灵活

(二)直拍握拍法

1. 直握拍动作要领(见图2-1)

(a) 拇指第一指关节压住球拍左肩,食指第二指关节压住球拍右肩,呈钳形　　(b) 虎口贴于拍柄后面　　(c) 中指、无名指和小指自然稍微伸直托于球拍背面

图2-1　直拍握拍

2. 直握球拍动作关键点

直握球拍,拇指和食指用于调整拍形,转换击球方法,后面3

个手指起辅助和支撑作用。正手击球时，拇指和中指协调用力控制好拍形，食指放松，中指、无名指和小指用力顶住拍背面，保证正手击球动作的发力和稳定。反手击球时，食指和中指或无名指及小指均协调用力控制拍形，拇指相对放松。

3.常见错误和改进方法

（1）球拍背面三指分开过大，不利于反手技术的使用（见图2-2）。需要三指并拢。

（2）食指内伸过多，不利于正手发力（见图2-3）。应将食指收回放于拍右肩，拇指略前伸。

（3）拍头下垂，掉腕（见图2-4）。握拍时拇指略前伸，腕关节稍微用力，维持拍呈横状。

图2-2　背面三指分开过大　　图2-3　食指过伸　　图2-4　拍头下垂

（三）横拍握拍技术

1.横拍握拍动作要领（见图2-5）

(a) 虎口贴住拍肩　　(b) 食指自然伸直斜贴于球拍反面　　(c) 中指、无名指和小指自然弯曲握于拍柄，拇指在球拍正面贴于中指旁边

图2-5　横拍握拍

2.横拍握拍动作关键点

拇指、食指和中指为握拍关键点。正手攻球时，食指压拍，以拇指第一指节作为支点，与中指协调控制拍形并传递击球的力量，甚至可将食指略向球拍中部移动，以使其压拍的用力点与球拍正面

的击球点更为接近；反手进攻时，则是以食指根部关节为支点，拇指压拍控制拍形并传递击球力量，同样，也可令拇指略向上移去接近正面的触球点。注意避免中指、无名指、小指和手掌将拍柄攥得过紧，否则会使手臂用力的传递不够敏锐、调节不够精细而影响击球的准确性。

3. 常见错误和改正练习方法

（1）拇指或食指过伸（见图2-6），则需要收回，轻压在球拍两面靠近边缘处。

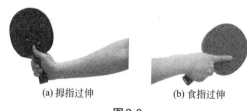

(a) 拇指过伸　　　(b) 食指过伸

图2-6

（2）握拳式握拍错误（见图2-7）。须将拇指和食指压在拍的正面和背面。

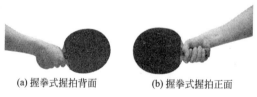

(a) 握拳式握拍背面　　　(b) 握拳式握拍正面

图2-7

（四）练习方法

（1）二人一组，按照动作要领学习握拍，互相检查握拍动作是否正确。如有争议，及时寻求同学或教师帮助。

（2）观看优秀选手握拍录像。

（3）录制自身握拍视频，观看视频并对照握拍动作检查握拍是否正确。

二、基本身体姿势

两脚开立,比肩稍宽,两膝微屈,上体略前倾,重心置于两脚之间。下颚稍内收,两眼注视来球。持拍手自然弯曲,置于身体右侧,手腕适当放松(见图2-8)。

(a) 横拍准备姿势　　(b) 直拍准备姿势

图2-8

第二节　乒乓球球性的培养

一、托球练习

(一)原地托球

运动员两脚开立,与肩同宽,执拍手按要求握好球拍,非执拍手将球放在球拍上,身体保持稳定,让球在球拍上停留的时间尽量长且稳定。

(二)托球走和托球跑

从原地托球开始,待球稳定后缓缓地向前行走,尽量让球停留在球拍上。熟练后可以加快脚步移动速度。

(三)多人托球接力赛

多人分成人数相同的多个队进行迎面接力或设置转折标记进行

折返接力。第一个队员从原地托球开始,当听到起跑口令后,运动员以最快的速度向对面的本方队员或者折返标记跑去,尽量让球停留在球拍上。如果球在半路落地,拣球后要回到球落地的位置上继续向前跑。交接球,用手将球递出给下一个接力队员。比一比哪个队最快。

二、抛球练习

(一)非执拍手低抛球

预备动作,运动员两脚开立,与肩同宽,执拍手按要求握好球拍;非执拍手自然伸直,球自然置于非执拍手的手掌上,手掌张开,目视掌心,保持静止;用手将球几乎垂直的向上抛起,不使球旋转,并使球在离开非执拍手的手掌之后上升不少于16厘米;球下落后,用非执拍手将球接住。

(二)非执拍手高抛球

预备动作、抛球均与低抛球一致。注意将球几乎垂直向上抛起,不使球旋转,并使球在离开非执拍手的手掌之后上升高于头部,然后用非执拍手将球接住。重复练习时,注意须从预备动作开始,将动作做完整。

(三)抛球后球拍接球

低抛球或高抛球之后,球下落至手肘高度,用球拍接球,拍面水平使球垂直弹起。球再次下落时用非执拍手接住。

(四)注意事项

重复练习时,注意每次必须从预备动作开始,将动作做完整。

三、颠球练习

(一)原地颠球

运动员抛球后,执拍手接球,拍面水平,使球垂直弹起;以肘关节为轴,前臂上下运动,球拍在球下落阶段,打击球下部,使球重新弹起;逐渐控制击球力度,使球弹跳保持在同样高度。球接触拍面瞬间拍面为水平,可以尽量保持球的垂直弹跳状态。

(二)颠球走和颠球跑

从原地颠球开始,待球弹跳稳定后开始缓缓地向前行走或向前跑。

(三)横拍正反面颠球

从原地颠球开始,待球弹跳稳定后,横拍选手通过持拍手手腕翻转,交替使用球拍正反两面颠球。同样,球接触拍面瞬间拍面为水平,可以尽量保持球的垂直弹跳状态。

(四)多人颠球接力比赛

参考本节中多人迎面托球接力赛办法,进行多人颠球迎面或折返接力。

四、传球练习

(一)用力颠球后接球

从原地颠球开始,使球弹跳稳定,高度保持低于眼睛前方;之后触球时发力使球垂直上升超过头顶高度;继续颠球,但触球时慢慢卸力,使球上升高度逐渐降低,最后停于水平球拍之上。

(二)颠球后移动接球

两人一组,一方从原地颠球开始,然后用力将球向同伴所在的方向颠起;同伴用球拍接球,控制,并转为颠球,之后重复传接球。

(三)多人颠球传接球

多人围成一圈,运动员颠球后用力向上将球颠出,同时喊其他运动员的姓名或号码,被喊到姓名或号码的运动员上前接球、颠球,之后再将球传出。

 ## 第三节 发球技术

一、正(反)手平击发球

(一)特点与应用

平击发球速度较慢,略带上旋,是最基本的发球技术,也是初学者最容易掌握的发球技术。一方面，平击发球能让初学者熟悉发球的抛、引和打的过程，是掌握其他复杂发球技术的基础。另一方面，此种发球，对方容易回接，便于衔接正手攻球或反手推拨技术的练习。

（二）动作要领

1.正手平击发球（见图2-9、图2-10）

图2-9　横拍正手平击发球

第二章 乒乓球基本技术

图2-10 直拍正手平击发球

① 站位：站位近台，左脚稍前，右脚稍后，屈膝，两脚开立，略宽于肩。

② 引拍：抛球同时向右转体，重心向右侧转，手臂向右后略偏上方引拍，拍面稍前倾。

③ 挥拍击球：当球下降稍高于球网，手臂向左前方发力，击球中上部，第一落点在球台底线至中线范围内。

④ 随挥还原：击球后顺势挥拍至左前上方，重心继续向左移，之后还原。

2.反手平击发球（见图2-11、图2-12）

图2-11 横拍反手平击发球

图2-12 直拍反手平击发球

① 站位：站位中近台，两脚开立，左右脚基本平行或左脚微微靠前，略宽于肩。

② 引拍：抛球时微向左转体，重心向左移，手臂向左后方引拍，直至靠近腹部，球拍拍面略前倾。

第二章 乒乓球基本技术

③ 挥拍击球：当球下降稍高于球网，手臂向右前方发力，击球中上部，第一落点在球台底线至中线范围内。

④ 随挥还原：击球后顺势挥向右前上方挥拍，重心继续向右移动，后还原。

（三）技术动作关键点

（1）抛球、转体和引拍同时进行。

（2）注意击球点：正手平击发球，击球点在身体右侧前方；反手平击发球，击球点在身体前方。

（3）球的第一落点在球台底线至中线范围内。

（4）发力时，球拍会有略微向前发力击球的动作。

（四）练习方法

（1）抛球练习：垂直向上抛球，高度不低于球网，不高于头。

（2）徒手挥拍击球：双人相对，或单人镜面练习。按照正确技术动作进行徒手挥拍击球练习，（互相）比对动作。

（3）多球练习：球的落点由不定点，逐渐过渡到定点。

（4）二人一发一接，交替进行，并互相交流。

（五）常见问题、原因和改进方法

序号	常见问题	原因	改进方法
1	击球挥空	抛球过低，未给引拍和挥拍击球留下足够时间	提高抛球高度，保证抛球时同时引拍
2	击到球拍边缘	拍形过于前倾	球拍稍前倾
3	球出界/下网	拍形后仰或前倾角度不合适	调整拍形，拍面稍前倾，第一落点靠近端线
4	击球无力	引拍动作小/手臂坚硬	多做徒手练习，转体带动引拍，手臂适当放松

二、正（反）手发奔球

（一）特点与应用

奔球球速快，落点长，角度大，冲力强，具有一定的威胁。比赛中，运动员可采用奔球偷袭对方正手位来牵制对方侧身抢攻意图，起到战略和战术目的。

（二）动作要领

1. 正手发奔球（见图2-13和图2-14）

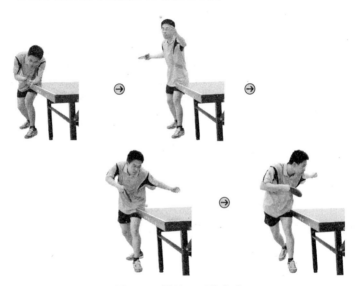

图2-13　横拍正手发奔球

图2-14　直拍正手发奔球

① 站位：站在球台左角外侧，左脚在前，右脚在后侧方，屈膝，收腹含胸。

② 引拍：抛球时，手臂向右后方引拍，重心移至右脚。

③ 挥拍击球：球下落至近于网高时，拍面前倾，向左前上方加速挥拍，摩擦球的中上部，击球点比较低，以降低击球弧线；第一落点尽量靠近本方端线，以发出长球。

④ 随挥还原：击球后，随挥动作短，尽快制动，后还原。

2.反手发奔球（见图2-15、图2-16）

图2-15 横拍反手发奔球

图2-16 直拍反手发奔球

① 站位：站位中近台，右脚在前，左脚靠后。
② 引拍：抛球时，向左后方引拍，身体重心移至左脚。
③ 挥拍击球：球下落至近于网高时，拍面前倾，向右前上方加速挥拍，摩擦球的中上部，击球点要比较低，以降低

弧线；第一落点尽量靠近本方端线，以发出长球。

④ 随挥还原：击球后，随挥动作短，尽快制动，后还原准备迎击下一板球。

（三）技术动作关键点

（1）击球点低，基本与网高齐平或略低于网高。

（2）第一落点尽量靠近本方端线。

（3）触球时，手腕会有抖动、弹击发力动作，爆发力足，动作随挥短，制动快。

（四）练习方法

（1）徒手挥拍击球：双人相对，或单人镜面练习。按照正确技术动作进行徒手挥拍击球练习。（互相）比对动作。

（2）多球练习：落点是对方正手位或反手位大角度，越靠近边线越好。

（3）二人一发一接练习。

（五）常见问题、原因和改进方法

序号	常见问题	原因	改进方法
1	奔球速度慢	引拍和挥拍动作紧张，无法突然加速发力	加强抖腕练习，引拍和挥拍时放松，击球瞬间手腕向前上方抖动发力
2	球过高或过低，质量不高，甚至下网或出界	拍面过于后仰或下压，击球点不合适，第一落点远离端线	加强抛球与持拍手击球的配合练习，当球落至近于网高时，球拍触球，第一落点靠近端线

三、正（反）手发转与不转球

（一）特点与应用

相似动作，发出的球旋转变化差异大，可直接得分或迷惑对手,为后续进攻创造机会。发球落点以近网短球为主,兼顾长球。比赛中,不转发球的使用是以强烈的下旋球为前提。

(二) 动作要领

1. 正手发转(不转)球(见图2-17～图2-20)

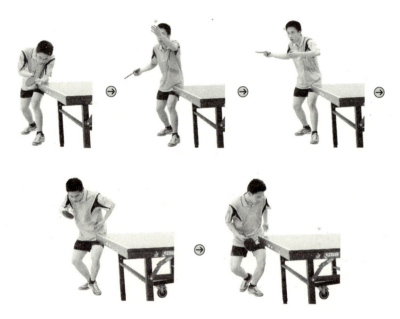

图2-17　横拍正手发下旋球

第二章 乒乓球基本技术

图2-18 横拍正手发不转球

图2-19 直拍正手发下旋球

乒乓球教程

图 2-20　直拍正手发不转球

① 站位：站在球台的左角外侧，左脚在前，右脚在后，屈膝，收腹含胸。

② 引拍：抛球时，持拍手向后上方引拍，手腕适当放松、向外伸，球拍后仰。

③ 挥拍击球：当球下降至稍高于网高或与网同高时，前臂加速向前下方发力；发下旋球时，球拍后仰，用球拍的下半部分（拍头），摩擦球的中下部，触球瞬间，拇指、食指和手腕在触球瞬间加强爆发力去摩擦球（见图 2-17、图 2-19）；发上旋球时，则球拍稍后仰或直立，用球拍的上半部分（靠

第二章 乒乓球基本技术

近拍柄部位），触球的中部或中上部，触球瞬间，尽量使作用力接近球心，触球后近似把球向前推出，而不是加速摩擦球（见图2-18、图2-20）。

④ 随势挥拍：发下旋球时，随势挥拍多向下发力；发上旋球时，随势挥拍多向前推送球，之后还原。

2.反手发转与不转球

反手发转（不转）球（见图2-21～图2-24）。

图2-21 横拍反手发下旋球

图2-22 横拍反手发不转球

图2-23 直拍反手发下旋球

第二章 乒乓球基本技术

图2-24 直拍反手发不转球

① 站位：站在球台的左侧近台位置，右脚在前，左脚在后。

② 引拍：抛球时，持拍手向左后上方引拍，手腕适当放松、作后伸和外展，球拍后仰。

③ 当球下降至稍高于网高或与网同高时，前臂加速向右前下方发力；发下旋球时，球拍后仰，用球拍的下半部分（拍头），摩擦球的中下部，触球瞬间，拇指、食指和手腕在触球瞬间加强爆发力去摩擦球（见图2-21、图2-23）；发上旋球时，则球拍稍后仰或直立，用球拍的上半部分（靠近拍柄部位），触球的中部或中上部，触球瞬间，尽量使作用力接近心，触球后近似把球向前推送出去，而不是加速摩擦球（见图2-22、图2-24）。

④ 随势挥拍：发下旋球时，随势挥拍多向下发力；发上旋球时，随势挥拍多向前发力，之后还原。

（三）技术动作关键点

（1）转与不转的动作区别核心在于触球瞬间的拍形，触球部位以及发力方向。

（2）发下旋球时，球拍后仰，用球拍的拍头去触球的中下部，并加速发力摩擦球。而不转球则是球拍稍后仰或直立，用靠近拍柄部位去触球的中部，使作用力接近球心，加速向前推送球，不是摩擦球。

（四）练习方法

（1）徒手挥拍练习：体会动作要领，注意拍形，手腕后伸外展和突然发力的感觉。

（2）球拍摩擦球练习：用手抛球，球下降后用球拍去摩擦球的底部，体会摩擦球的感觉。

（3）多球练习单一旋转球：按照完整动作要领，进行下（上）旋球发球练习。注意拍形，触球部位、用力方向及体会球拍摩擦（推送）球的感觉。

（4）多球练习不同旋转球：用相似动作进行转与不转球练习。

（5）二人一发一接练习：让同伴检验转与不转的发球效果。

（五）常见问题、原因和改进方法

序号	常见问题	原因	改进方法
1	下旋球不转	球拍后仰角度不够、触拍和触球部位不合适、身体没有发上力	球拍后仰，触球中下部，拍头触球瞬间，在身体和前臂带动下，手腕加速向前下方发力
2	发球弧线过高，对方直接抢攻	击球点和持拍手过高	降低持拍手击球时的高度，球落至网高时击球
3	不转球发不好	球拍后仰角度、触球、触拍部位及发力方向不合理	球拍稍后仰或竖直，用靠近拍柄的部位触球的中部，向前去推送球

第二章 乒乓球基本技术

四、正（反）手发侧旋球

（一）特点与应用

侧旋球具有混合旋转的性质，球落台后会侧拐，易于在旋转和速度方面进行变化组合，可用于迷惑对方或增加对方辨识难度，为自己进攻创造机会。它是比较常用的发球技术。在比赛中，一般以侧下旋为主，配合使用侧上旋发球。在速度变化方面，侧上旋球也可当做奔球来使用，用于牵制对手。

（二）动作要领

1. 正手发左侧上（下）旋球（见图2-25～图2-28）

图2-25　横拍正手左侧下旋球

55

图2-26 横拍正手左侧上旋球

图2-27 直拍正手左侧下旋球

第二章 乒乓球基本技术

图2-28 直拍正手左侧上旋球

① 站位：身体在球台的左角外侧，左脚在前，右脚在后；

② 引拍：抛球时，持拍手向右后（上）方引拍，手腕适当放松、作后伸和外展，拍面稍后仰；

③ 挥拍击球：当球下降至稍高于网高或与网同高时，前臂加速向左前下方发力，横拍手腕内收；发下旋球时，则球拍后仰，用球拍的下半部分（拍头）触球，触球瞬间，拇指、食指和手腕向左前下方发力摩擦球的中下部（见图2-25、图2-27）；发上旋球时，球拍稍后仰或直立，用球拍的上半部分（靠近拍柄部位），触球的中部或中上部，向左侧上方发力摩擦（见图2-26、图2-28）；

④ 随挥还原：发下旋球时，随势挥拍多向下发力；发上旋球时，随势挥拍多向前推送球，之后还原。

2.反手发右侧上(下)旋球(见图2-29～图2-32)

图2-29 横拍反手右侧下旋球

图2-30 横拍反手右侧上旋球

第二章 乒乓球基本技术

图2-31 直拍反手右侧下旋球

图2-32 直拍反手右侧上旋球

①站位：站位左半台靠左侧，右脚在前，左脚在后，含胸收腹，收紧身体。

②引拍：抛球时，持拍手向左后上方引拍，手腕适当放松、作后伸和外展。

③挥拍击球：当球下降至稍高于网高或与网同高时，前臂加速向右前下方发力，横拍手腕内收；发下旋球时，则球拍后仰，用球拍的下半部分（拍头）触球，触球瞬间拇指、食指和手腕发力向右前下方去摩擦球的中下部（见图2-29、图2-31）；发上旋球时，则球拍稍后仰或直立，用球拍的上半部分（靠近拍柄部位），触球的中部或中上部向右侧上方发力摩擦球（见图2-30、图2-32）。

④随挥还原：发下旋球时，随势挥拍多向右下方发力；发上旋球时，随势挥拍多右侧上方发力，之后还原。

（三）技术动作关键点

（1）引拍要充分，发挥出转体的力量。

（2）侧下旋球拍后仰触球中或中下部位，向侧下方发力摩擦球。而侧上旋发球则是球拍直立触球中部，向侧上方发力。

（3）侧上旋球，手腕在触球瞬间都会有瞬间加速抖动手腕和手指动作。

（四）练习方法

（1）徒手挥拍练习：体会动作要领，注意拍形，手腕加速抖动的感觉。

（2）多球进行单一侧下（上）旋球练习：按照完整动作要领，进行侧下（上）旋球发球练习。注意拍形，触球部位，用力方向及手腕、手指加速抖动向下（上）摩擦球的感觉。

（3）多球进行不同旋转练习：用近似动作进行侧上和侧下旋球

练习。

（4）二人一发一接练习：让同伴检验侧上和侧下旋发球效果。

（五）常见问题、原因和改进方法

序号	常见问题	原因	改进方法
1	发不出侧旋球	引拍位置过低，身体转体不够，引拍距离太短	身体充分转体，向左（右）后上方引拍，加大引拍距离
2	侧下（上）旋不转	身体用力不协调，触球后向下（上）摩擦球距离太短，手腕过于僵硬	身体充分转体，击球点接近网高，手腕先放松，触球瞬间，手腕抖动用力向侧下（上）方摩擦球

第四节　推挡与反手拨球技术

一、直拍快推

（一）特点与应用

快推具有动作小，回球速度快、变化多、稳定性好的特点，因此能较好的控制线路和落点。在比赛中，可通过变化线路和落点控制对方，为进攻创造机会。

（二）动作要领（见图2-33）

图2-33　直拍反手快推

① 引拍：持拍手前臂外旋，肘关节靠近身体内侧，向后略偏下引拍，球拍呈半横状，稍微前倾。
② 挥拍击球：前臂向来球方向迎球伸出，在上升期击球中上部。击球时食指用力，拇指放松，保持拍形前倾。
③ 随势挥拍：击球后手臂和手腕继续向前挥动。
④ 还原：手臂收回，还原至准备击球动作。

（三）技术动作关键点

（1）上臂靠近身体内侧，肘关节靠近胸肋。
（2）击球时食指压拍，拇指放松，保持球拍前倾。

（四）练习方法

（1）徒手挥拍练习：体会动作要领，注意技术动作关键点。
（2）二人多球练习：一人发多球，一人练习快推。
（3）二人单球练习对推：先进行推斜线练习，后进行推直线练习。
（4）二人单球练习：一人推挡，一人攻球。

（五）常见问题、原因和改进方法

序号	常见问题	原因	改进方法
1	球弧线过高或出界	拇指紧张压拍，球拍后仰角度过大	击球时，食指压拍，拇指放松，拍面垂直或稍前倾

第二章 乒乓球基本技术

续表

序号	常见问题	原因	改进方法
2	引拍时,肘关节向外侧提起	腕关节下垂,掉拍或身体重心过高	双膝微屈,降低重心,手腕内收保持拍面呈半横状
3	回球力量和落点控制不好,失误多	手臂主动发力过多	击球时,前臂和手腕基本保持稳定,肩关节前后动

二、直拍加力推

(一) 特点与应用

加力推回球力量大、球速快,具备一定的攻击性。比赛中配合减力挡能有效地控制对方,取得主动。

(二) 动作要领（见图2-34）

图2-34 直拍反手加力推

① 引拍：向右转体，重心在右脚，持拍手手臂外旋，上臂后收，前臂提起，肘关节贴近身体，拍呈半横状，向后上方引拍，引拍位置高于快推。

② 挥拍击球：右脚蹬地，向左转体带动前臂向来球方向迎球伸出，在上升后期或高点期击球中上部，前臂和手腕加速向前方推压，击球时食指用力，拇指放松，保持拍形前倾。

③ 随势挥拍：击球后手臂和手腕继续向前方挥动。

④ 还原：重心逐渐回到两腿之间，手臂收回，还原至准备击球动作。

（三）技术动作关键点

（1）击球时机是上升后期或高点期。

（2）身体左右转动幅度大，引拍距离比快推略长，引拍位置稍高。

（3）击球时，手腕和食指用力，拇指放松，加速向前略下方用力推压。

（四）练习方法

（1）徒手模仿练习：体会动作要领，注意技术动作关键点。

（2）二人多球练习：一人发多球，一人练习加力推。

（3）二人单球练习：一人快推，一人加力推。

（4）二人单球练习：一人加力推，一人侧身攻球。

（5）加力推和进攻结合：加力推结合正手（侧身）攻练习。可参考第三章第二节内容。

（五）常见问题、原因和改进方法

序号	常见问题	原因	改进方法
1	加力推力量不足	引拍距离、高度及往前下方推压不够	加大身体转动幅度，同时上臂后收，前臂提起，向后上方引拍后，向前下方推压
2	球无力，易下网	击球点过晚	在上升后期或高点期击球
3	击球点离身体太远，无法发力	步法不到位，够球，着急发力	移动步法，在球离腹部30～40厘米处发力击球

三、直拍减力挡

（一）特点与应用

减力挡的球弧线低，落点短，力量轻。比赛中，配合加力推，变化回球落点和线路，可调动对方前后跑动，为自己进攻创造机会。

（二）动作要领（见图2-35）

图2-35　直拍反手减力挡

① 引拍：引拍手臂向后引拍很小，前臂弯曲使球拍稍微提高，肘关节贴近身体，拍呈半横状，拍面保持前倾。

② 挥拍击球：球拍对准球稍微前伸，在上升期击球中上部，触球瞬间，前臂和手腕稍向后收，减小来球前冲力。

③ 随势挥拍：击球后手臂和手腕继续后收。

④ 还原：手臂放置在腹前，还原至准备击球动作。

（三）技术动作关键点

（1）上升期触球，球拍触球时，前臂和手腕后稍微后收，减力。

（2）引拍幅度小，主要是保证球拍稍微提高一些，拍面保持前倾。

（四）练习方法

（1）徒手挥拍练习：体会动作要领，注意技术动作关键点。

（2）二人多球练习：一人发多球，一人练习减力挡。

（3）二人多球练习：快推和减力挡相结合，体会不同击球感觉。

（4）二人多球练习：加力推、减力挡和快推相结合，体会手上不同的感觉。

（5）二人单球练习：一人快推，一人减力挡。

（6）二人单球练习：一人拉弧圈，一人减力挡练习。

（五）常见问题、原因和改进方法

序号	常见问题	原因	改进方法
1	球拍触球力量过大，击球线路长	引拍距离长，触球时前臂和手腕后收不够	微向后引拍，保证球拍稍微提起，触球时前臂手腕后收
2	回球质量低	击球时机把握不好	上升期借力击球
3	击球弧线过高	击球点过高	引拍略微向上，拍形前倾，上升期击球

四、直拍推下旋球

(一) 特点与应用

推下旋球的特点是回球带有下旋，弧线低、落点长，球落台后往前滑。它可使球从上旋变成下旋，使得对方直接下网或因不适而陷入被动。但是推下旋难以发上力，对付上旋强烈的球有一定困难，所以只能作为辅助技术使用。

(二) 动作要领（见图2-36）

图2-36 直拍反手推下旋

① 引拍：身体右转，上臂后引，前臂上提，球拍引至身体侧方，肘关节贴近身体。

② 挥拍击球：在高点期击球中（下）部，触球瞬间，以前臂和上臂发力为主，向左前（侧）下方用力推切，触拍瞬

间，收紧前臂和手腕，拍形保持稳定。

③随势挥拍：击球后手臂和手腕继续向前下方挥动。

④还原：收回手臂，还原至准备击球动作。

（三）技术动作关键点

（1）引拍时，前臂上提。

（2）高点期击球，向前下方发力推挤。推挤瞬间，收紧前臂和手腕，保证拍形稳定。

（四）练习方法

（1）徒手挥拍练习：体会动作要领，注意技术动作关键点。

（2）二人多球练习：一人发多球，一人练习推侧旋。

（3）二人单球练习：一人拉弧圈，一人推测旋。

（五）常见问题、原因和改进方法

序号	常见问题	原因	改进方法
1	推不出下旋球	引拍过低，往前方触球，手腕动作多	向后上方引拍，触球时前臂和手腕固定，拍形固定向左前（侧）下方触球
2	击球弧线过高	击球点过低	引拍略微向上，高点期往左前（侧）下方挥拍

五、反手拨球

（一）特点与应用

反手拨球站台近，动作小，球速快，对横拍而言，是反手近台常用的基本技术之一，但是缺乏力量和主动进攻性。比赛中，反手拨球可借助来球力量提高球速，为进攻创造机会。对直拍而言，比赛中将其与推挡相结合，能有效改变击球节奏。加上回球力量比推挡更大，反手拨球是反手位进攻得分的重要手段之一。

（二）动作要领（见图2-37、图2-38）

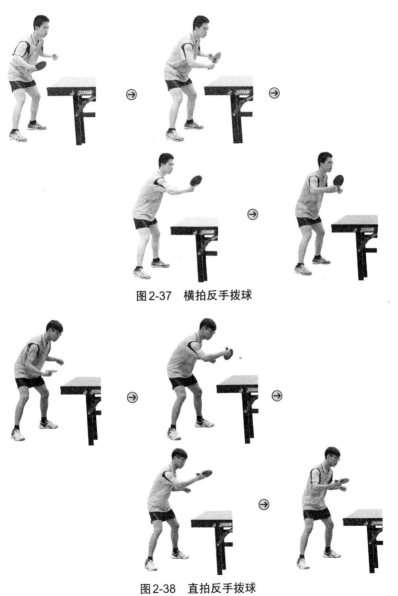

图2-37　横拍反手拨球

图2-38　直拍反手拨球

① 引拍：两腿分开，平行站立，手臂自然弯曲，并作外旋使拍面前倾，手腕内收，向左后上方引拍至胸腹位置，肘关节稍前顶，右肩稍沉。

② 挥拍击球：当来球跳至上升期，前臂外旋并加速向右前上方挥动，手腕作后伸和外展，拍面稍前倾击球中上部，触球瞬间固定手腕，借来球反弹力量向右前方拨回。

③ 随势挥拍：击球后前臂继续向右前上方挥动。

④ 收回手臂，还原至准备击球动作。

（三）技术动作关键点

（1）手腕内收，肘关节前顶，右肩略微下沉。

（2）引拍位置在胸腹位置。

（3）前臂结合手腕发力，上升期击球，但是触球发力瞬间，保持手腕相对固定。不要甩手腕去发力，导致控制不住球。

（四）练习方法

（1）徒手挥拍练习：体会动作要领，注意技术动作关键点。

（2）自抛自打练习：反手拨落台的反弹球，体会动作要领。

（3）二人多球练习：一人发多球，一人练习反手快拨。

（4）二人单球推拨练习：一人快推，一人反手拨球。

（5）二人单球拨攻练习：一人快拨，一人侧身攻。

（6）组合练习：反手快拨后，配合侧身和正手攻练习。参考第三章第三节内容。

（五）常见问题、原因和改进方法

序号	常见问题	原因	改进方法
1	击球点不稳定	击球时手腕动作多	击球时，手腕相对固定，前臂向右前上方击球
2	球出界或下网	拍形倾斜角度不合适或摩擦球过多	击球时，球拍稍前倾，向右前上方触球，触球瞬间以撞击为主，摩擦为辅

续表

序号	常见问题	原因	改进方法
3	击球侧面，导致球从持拍手同侧出界	引拍位置不对，击球时并未对准来球	持拍手前臂内旋，手腕内收，肘关节外顶，向胸腹部引拍，球拍横于腹前，拍面正对来球

第五节　攻球技术

一、正手攻球

（一）特点与应用

正手攻球站位近，动作小，出手快，借助来球的反弹力还击，与落点变化相结合，可为进攻创造条件。比赛中，能以攻守对付对方进攻，是快攻打法使用最多的技术之一。

（二）动作要领（见图2-39和图2-40）

图2-39　横拍正手攻球

图2-40　直拍正手攻球

①引拍：手臂稍作内旋使拍面稍前倾，肘关节夹角保持约100～130度，左脚蹬地，身体向右转，带动手臂向右后侧方引拍，重心移向右腿。

②挥拍击球：击球前，右脚蹬地，髋关节向前转动，腰向左转，在来球上升（高点期）击球中上部位；击球瞬间，手腕保持固定，前臂向左前上方发力。

③随势挥拍：击球后身体继续向左移动，带动手臂继续向左前上方挥拍至左眼前方，身体重心随之移向左脚。

④还原：手臂收回，还原至准备击球动作。

(三)技术动作关键点

(1)击球点在身体右侧前方。

(2)引拍时,腰部带动身体右转,大臂带动前臂引拍击球。挥拍击球和随势挥拍时,腰部带动身体向左转,重心随之移向左脚,继续向左前上方挥拍。

(3)触球瞬间,手腕保持相对固定,不要试图通过甩动手腕发力。

(四)练习方法

(1)徒手挥拍练习:体会动作要领,注意技术动作关键点。

(2)自抛自攻练习:正手攻落台的反弹球,体会动作要领。

(3)二人多球练习:一人发多球,一人练习正手攻球。

(4)二人单球推攻练习:一人推挡,一人攻球。

(5)二人单球对攻练习:二人进行正手斜线攻球练习。

(五)常见问题、原因和改进方法

序号	常见问题	原因	改进方法
1	击球时掉腕,翘腕	握拍方法不对	拇指用力,食指放松,击球时直拍拍面呈半横状,横拍则手腕与前臂成一条直线
2	引拍时后拉肘关节,肩关节成轴心	击球点离身体太近	击球时,以肘关节为轴心,大臂带动前臂向左前上方挥拍,击球点在身体右侧前方
3	击球时翻肘	出手位置低,拍面后仰过多	向右后略向下方引拍,从下往上触球,食指放松,拇指用力,拍面前倾
4	击球时上抬上臂和肘关节	重心太高,击球点过于靠近身体	击球时,屈膝含胸,击球点在身体右侧前方

二、正(反)手台内挑打

(一)特点和应用

挑打技术是一种台内进攻的技术,具有动作小,出手突然,主动意识强的特点。它适用于发过来的球下旋程度不高或弧线高时采用的积极主动的接发球方法。同时也应用在摆短中，球不转或弧线偏高时进攻的手段。

（二）动作要领

1.正手挑打（见图2-41和图2-42）

图2-41　横拍正手台内挑打

第二章 乒乓球基本技术

图2-42 直拍正手台内挑打

① 引拍：使用单步或跨步，迈出右脚，使身体靠近球台，重心跟上，球拍略外撇并向右后方引拍，拍形根据球的旋转程度决定后仰和前倾角度。

② 挥拍击球：在来球高点期击球中部或中下部；下旋球，触球中下部；上旋球则触球中上部后，向前上方发力。

③ 随势挥拍：击球后手臂和手腕继续向前上方挥动。

④ 还原：击球后，右腿支撑，身体迅速后撤还原准备下一板击球。

2.反手挑打（见图2-43、图2-44）

图2-43 横拍反手台内挑打

图2-44 直拍反面台内挑打

① 引拍：左脚蹬地，向前迈右脚，肘关节前顶，手腕略内收并向后引拍至腹前，拍形根据球的旋转程度决定后仰和前倾角度。

② 挥拍击球：击球时，以肘关节为轴，在来球高点期击球中部或中上部，向右前上方发力，前臂发力为主，手腕相对固定。

③ 随势挥拍：击球后，前臂和手腕继续向右前上方挥拍。

④ 还原：击球后，右脚蹬地，身体快速后撤还原，准备下一板来球。

（三）技术动作关键点

（1）上前移动步法一定要迅速、准确，身体重心要及时跟上。

（2）击球前，腕关节放松；击球时腕关节发力突然，力量集中。

（3）根据球的旋转强度，调整击球部位，上旋球则击球中上部，下旋球则击球中或中下部位。

（四）练习方法

（1）徒手挥拍练习：体会动作要领，注意步法和手法的统一配合。

（2）二人多球练习：体会有球时步法和手法的配合感觉。

（3）二人单球单一旋转练习：一人发单一旋转球，一人挑打练习。

（4）二人单球不同旋转练习：一人发不同旋转球，一人挑打练习。

（五）常见问题、原因和改进方法

序号	常见问题	原因	改进方法
1	接球时，身体下坐或后仰，回球下网	脚步向前移动后，重心并未及时跟上	上步后，身体重心要跟上，便于后续发力击球
2	击球点和拍面飘忽不定	击球时手腕活动过多	迎球时，对准来球，前臂发力挑球，手腕相对固定
3	击球经常下网或出界	对球旋转判断不准，拍形不正确	挑打下（上）旋球，拍面后仰（前倾），击球中下（上）部

三、正(反)手快带

(一)特点和应用

正(反)手快带具有速度快、变化多、弧线低的特点。比赛中,当对方拉加转弧圈球无法主动还击时,可利用对方来球的前进力,以快带技术回击。

(二)动作要领

1.正手快带(见图2-45、图2-46)

图2-45　横拍正手快带

图2-46　直拍正手快带

① 引拍:站位近台,拍形稍前倾,球拍稍低于来球,身体微右转,向右后方引拍。

② 挥拍击球:触球时,上臂靠近身体,前臂挥动,在球

的上升期触球中上部,向前上摩擦球;击球点在身体右前方。

③ 随势挥拍:击球后前臂继续向左前上方挥动。

④ 还原:击球后迅速还原。

2. 反手(面)快带(见图2-47、图2-48)

图2-47　横拍反手快带

图2-48　直拍反面快带

① 引拍:站位近台,前臂外旋使拍面前倾,身体左转,向左后方引拍至左腹前。

② 挥拍击球:借助腰、髋的转动,在来球上升期,手腕保持相对固定,以前臂发力为主,触球中上部,向上摩擦球。

③ 随势挥拍：击球后前臂继续向右侧方挥动。

④ 还原：击球后迅速还原。

（三）技术动作关键点

（1）引拍幅度小，以前臂发力摩擦球为主，手腕相对固定。

（2）迎前击球，在上升期击球，确保击球点靠前。

（四）练习方法

（1）徒手挥拍练习：体会动作要领，注意技术动作关键点。

（2）二人单球定点练习：陪练方拉定点弧圈球至对方正（反）手位，主练方练习正（反）手快带。

（3）二人单球不定点练习：陪练方拉不定点弧圈球至对方正（反）手位，主练方根据来球落点练习正（反）手快带。

（五）常见问题、原因和改进方法

序号	常见问题	原因	改进方法
1	球经常下网	手腕晃动大，拍形不固定，击球点太晚	手腕和拍形固定，在上升期迎前击球，击球点靠前
2	球经常出界	主动发力多，拍形不固定或错误	上升期借力还击，拍形前倾触球中上部，摩擦球

四、反手（面）弹击

（一）特点和应用

弹击球的特点是以手腕发力为主的技术动作，具有突然性强、动作小、球速快和弧线低平等特点，是一项高级技术。比赛中，其可对付旋转偏弱，速度较慢以及质量不高的上旋来球，节奏上的变化能使对方陷入被动或为本方进攻创造机会。

第二章 乒乓球基本技术

（二）动作要领（见图2-49、图2-50）

图2-49 横拍反手弹击

图2-50 直拍反面弹击

① 引拍：站位中近台，重心偏向左腿，前顶肘关节，手腕充分内收，向左后上方引拍，引拍位置稍高至胸腹前。

② 挥拍击球：在来球高点期，以肘关节为轴，前臂外展带动手腕向前迎球，向前略下方击球中上部，击球以撞击为主。

③ 随势挥拍：击球后前臂继续向右前上方挥拍。

④ 还原：击球后迅速还原。

（三）技术动作关键点

（1）引拍时，肘关节前顶，手腕充分内收，引拍位置比反手拨球高，在胸腹处。

（2）击球点在高点期，稍往前下方，手腕发力，撞击球为主。

（四）练习方法

（1）徒手挥拍练习：体会动作要领，注意技术动作关键点。

（2）二人多球练习：一人发多球，一人练习弹击。

（3）拨球和弹击配合：反手拨球练习结合反手弹击。

（4）二人单球练习：陪练方单球连续拉弧圈球，主练方根据来球采用弹击或反手快带技术回击来球。

（五）常见问题、原因和改进方法

序号	常见问题	原因	改进方法
1	反手弹击击球力量小，球速慢	手腕发力动作僵硬	击球前，手腕放松和内收，击球瞬间手腕突然发力
2	反手弹击被球顶住，发不出力	击球点太晚	高点期击球，击球点在身前，保证球拍和球之间距离
3	弹击爆发力不够	手腕外展幅度过大	球拍撞击球时，前臂手腕集中发力，用拍头撞击球

五、正手杀高球

（一）特点和应用

正手杀高球动作幅度大、力量重、威胁大，是应付高球并进攻的有效得分技术。比赛中杀高球动作舒展潇洒，能够调动现场观众气氛，得分同时在一定程度上提振士气。

（二）动作要领（见图2-51、图2-52）

图2-51　横拍正手杀高球

图2-52　直拍正手杀高球

① 引拍：前臂内旋，拍面前倾，手臂随着腰和髋向右旋转，重心向右偏移，手臂向身体右后上方引拍。

② 挥拍击球：来球下降至头肩高度时，拍面前倾，整个手臂随着重心从右脚移到左脚，向左前下方击球中上部；在腰和髋的配合下，以前臂发力为主。

③ 随势挥拍：击球后前臂继续向左前下方挥动。

④ 还原：击球后，身体快速还原。

（三）技术动作关键点

（1）根据来球高度，决定引拍高度。

（2）击球时全身协调用力基础上，最后力量集中在前臂向左前下方发力。

（四）练习方法

（1）徒手挥拍练习：体会动作要领，注意技术动作关键点。

（2）自抛反弹高球：一手持球，用力向台上抛球，等球反弹下落时，持拍手向左前下方挥拍击球。

（3）二人多球练习正手杀高球：一人送高球，一人练习正手杀高球。

（4）二人单球练习正手杀高球：一人放高球，一人正手杀高球。

（五）常见问题、原因和改进方法

序号	常见问题	原因	改进方法
1	球无力或经常出界	引拍动作小，压不住球	引拍时身体向右转，手臂向右后上引拍，向左前下方发力
2	击球点把握不好，扣杀失误太多	击球高度不合适	击球高度基本与肩同高时，挥拍击球合适

第二章　乒乓球基本技术

第六节　搓球技术

一、正（反）手慢搓

（一）特点与应用

　　慢搓动作幅度大、回球较慢，旋转变化多，技术动作容易掌握，是搓球技术学习中的入门技术。比赛中，可通过变化落点和旋转为自己进攻创造条件或直接得分。

（二）动作要领

　　1.正手慢搓（见图2-53、图2-54）

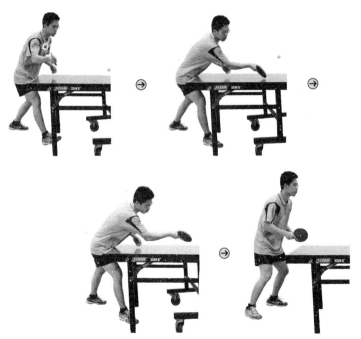

图2-53　横拍正手慢搓

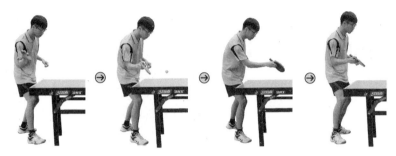

图2-54 直拍正手慢搓

① 引拍：左脚蹬地，右脚向前迈步，球拍后仰，向右后上方引拍。

② 挥拍击球：在来球下降前期，触球中下部，向底部摩擦。

③ 随势挥拍：击球后手臂顺势前下方发力。

④ 还原：右脚蹬地，迅速后撤还原，准备下一板来球。

2.反手慢搓（见图2-55、图2-56）

图2-55 横拍反手慢搓

第二章 乒乓球基本技术

图2-56 直拍反手慢搓

① 引拍：左脚蹬地，右脚向前迈步，球拍后仰，向左后上方引拍；

② 挥拍击球：在来球下降前期，触球中下部，向底部摩擦；

③ 随势挥拍：击球后手臂顺势向前下方发力；

④ 还原：右脚蹬地，迅速后撤，还原成起始姿势。

（三）技术动作关键点

（1）球拍后仰，后上方引拍，前下方发力，触球中下部向底部延伸。

（2）下降期击球，上步后重心及时跟上，保证击球的稳定性。

（四）练习方法

（1）徒手挥拍练习：体会动作要领，注意技术动作关键点。

（2）自抛自搓练习：自己抛球至本方台面，练习正（反）手搓球。

（3）二人多球练习搓球：一人发多球下旋球，一人练习正（反）手搓球。

（4）二人单球固定线路练习：集中练习正（反）手搓球。

（5）二人单球全台不定点搓球：根据回球落点采用正或反手搓球。

（五）常见问题、原因和改进方法

序号	常见问题	原因	改进方法
1	冒高球或球不往前走，不过网	拍面角度不合适	拇指和食指用力，根据球的旋转程度调节球拍后仰角度
2	回球旋转程度不强	引拍距离不够或触球位置不合理	向左（右）后上方引拍，加大挥拍距离，触球中下部，向下部摩擦
3	球出界	球拍触球，前臂前送多，肘关节僵硬	向前迈步后，重心跟上，触球后，前臂向前下方随挥，但不过分前送

二、正（反）手快搓

（一）特点与应用

快搓速度快、击球点早、变化多，可搓出近网短球，也可搓出底线长球。比赛中通过变化和缩短对方准备时间，为自己进攻创造条件。

第二章 乒乓球基本技术

（二）动作要领

1. 正手快搓（见图2-57、图2-58）

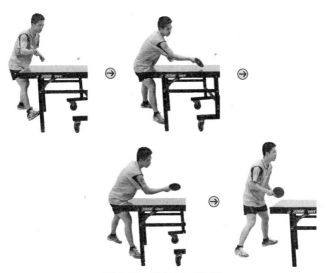

图2-57 横拍正手快搓

图2-58 直拍正手快搓

① 引拍：右脚向前迈步，重心跟上，手臂和手腕自然放松，球拍后仰，向右后上方引拍，引拍幅度较慢搓小。

② 挥拍击球：在来球上升期，借助来球冲力，前臂和手腕适当发力，向前下方发力接触球的中下部。

③ 随势挥拍：击球后手臂顺势前下方发力，但是随势挥拍距离比慢搓短。

④ 还原：右脚蹬地，身体后撤，迅速还原成准备击球姿势。

2. 反手快搓（见图2-59和图2-60）

图2-59 横拍反手快搓

第二章 乒乓球基本技术

图2-60 直拍反手快搓

① 引拍：右脚向前迈步，重心跟上，手臂和手腕自然放松，球拍后仰，向左后上方引拍，引拍幅度较慢搓小。

② 挥拍击球：在来球上升期，借助来球冲力，前臂和手腕适当发力，向前下方发力接触球的中下部。

③ 随势挥拍：击球后手臂顺势向前下方发力，势挥拍距离较慢搓短。

④ 还原：右脚蹬地，身体后撤，迅速还原，准备下一板击球。

（三）技术动作关键点

（1）击球时间早，在上升期击球。

（2）触球后，随势挥拍距离较短。

（3）上前迈步时，重心跟上，身体靠近来球。

(四)练习方法

(1)徒手挥拍练习:体会动作要领,注意技术动作关键点。

(2)自抛自搓练习:自己抛球至本方台面,然后持拍手练习正(反)手快搓。

(3)二人多球练习快搓:一人发多球下旋球,一人练习正(反)手快搓。

(4)二人单球定落点练习:单一练习正(反)手快搓。

(5)二人单球全台不定点快搓练习:根据球落点采用正或反手快搓。

(五)常见问题、原因和改进方法

序号	常见问题	原因	改进方法
1	搓球失误或回球速度太慢	击球时间不合适,手腕发力不集中	身体靠近来球,上升期击球,手臂手腕适当发力
2	搓球动作僵硬,失误多	身体协调发力不好	击球时,身体重心跟上,从容使用前臂和手腕发力

三、正(反)手摆短

(一)特点与应用

摆短动作幅度小、出手快、回球短、节奏快,是回击近网短球的有效技术。比赛中,如合理和有效使用摆短,能有效遏制对方强有力的进攻,为自己进攻创造条件。

(二)动作要领

1.正手摆短(见图2-61、图2-62)

第二章　乒乓球基本技术

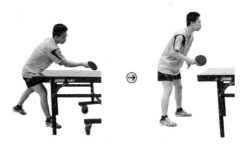

图2-61　横拍正手摆短

图2-62　直拍正手摆短

① 引拍：右脚往前迈步，身体靠近球台，重心跟上，手臂和手腕自然放松，球拍后仰，微向右后上方引拍，注意引拍幅度要小。

② 挥拍击球：在来球上升期，借助来球冲力，前臂和手

腕适当发力,向前下方发力触球的中下部。

③随势挥拍:击球后手臂顺势前下方发力,但是随势挥拍距离尽可能短。

④还原:右脚蹬地,身体后撤,迅速还原,准备下一板来球。

2. 反手摆短(见图2-63、图2-64)

图2-63 横拍反手摆短

图2-64 直拍反手摆短

① 引拍：右脚往前迈步，身体靠近球台，重心跟上，手臂和手腕自然放松，球拍后仰，向左后上方引拍，注意引拍幅度非常小。

② 挥拍击球：在来球上升期，借助来球冲力，前臂和手腕适当发力，向前下方发力触球中下部。

③ 随势挥拍：击球后手臂顺势向前下方发力，但随势挥拍距离尽可能短。

④ 还原：右脚蹬地，身体后撤，迅速还原。

（三）技术动作关键点

（1）步法移动及时，移动步法后，身体重心一定要跟上。

（2）触球瞬间发力击球，击球后挥拍幅度小，以免出长球。

（四）练习方法

（1）徒手模仿练习：体会动作要领，注意技术动作关键点。

（2）二人多球练习摆短：一人发多球下旋短球，一人练习正（反）手摆短。

（3）二人单球固定落点练习：单一练习正（反）手摆短。

（4）二人单球全台不定点练习：根据来球落点采用正手或反手摆短。

（五）常见问题、原因和改进方法

序号	常见问题	原因	改进方法
1	回球易下网或线路过长	力量控制不好，击球点过晚	移动步法及时，身体重心跟上，引拍距离短，上升前期触球，触球后随挥短
2	球不转，冒高球	摩擦少，没发上力	触球之前，手腕放松，触球瞬间，手腕（手指）用力向下方摩擦球

四、正（反）手劈长

（一）特点和作用

劈长的特点是球速快、线路长、旋转强、弧线低平、出手凶狠，常常迫使对方无法获得上手进攻所必需的引拍距离。比赛中，摆短和劈长配合使用，能取得很好的战术效果。

（二）动作要领

1. 正手劈长（见图2-65、图2-66）

图2-65 横拍正手劈长

第二章 乒乓球基本技术

图2-66 直拍正手劈长

① 引拍：右脚往前迈步，身体靠近球台，重心跟上，手臂和手腕自然放松，球拍后仰，向右后上方引拍，引拍距离高于快搓。

② 挥拍击球：在来球高点或下降前期，前臂带动手腕快速向前下方砍下去摩擦球，发力集中。

③ 随势挥拍：击球后手臂顺势向前下方发力，动作幅度大，身体重心向摩擦方向跟出，随势挥拍距离长。

④ 还原：右脚蹬地，身体后撤，迅速还原。

2. 反手劈长（见图2-67、图2-68）

图2-67　横拍反手劈长

图2-68　直拍反手劈长

① 引拍：右脚向前迈步，身体靠近球台，重心跟上，手臂和手腕自然放松，球拍后仰，向左后上方引拍，引拍距离高于快搓。

② 挥拍击球：在来球高点或下降前期，前臂带动手腕快速向前下方砍下去，发力集中。

③ 随势挥拍：击球后手臂顺势前下方发力，动作幅度大，身体重心向摩擦方向跟出，随势挥拍距离长。

④ 还原：右脚蹬地，身体后撤，迅速还原，准备下一板来球。

（三）技术动作关键点

（1）引拍距离长且高。

（2）触球发力是向前下方砍下去，手腕相对固定，发力集中。

（3）随势挥拍距离长。

（四）练习方法

（1）徒手挥拍练习：体会动作要领，注意技术动作关键点。

（2）自抛自搓练习：自己抛球至本方台面，练习正（反）手劈长。

（3）二人多球练习劈长：一人发多球下旋球，一人练习正（反）手劈长。

（4）二人单球固定落点练习：单纯练习正（反）手劈长。

（5）二人单球全台不定点劈长练习：根据回球落点采用正手或反手劈长。

（五）常见问题、原因和改进方法

序号	常见问题	原因	改进方法
1	劈长感觉用不上力，劈不出去	击球点过早或过晚	来球高点期击球，发力方向从后上向前下方砍下去发力摩擦来球
2	球速慢，旋转弱	拍形控制不好	拍形后仰，引拍稍高，触球瞬间，前臂快速向前下方发力摩擦，随势挥拍距离较长

第七节　弧圈球技术

一、正（反）手加转弧圈球

（一）特点和应用

加转弧圈球上旋程度较强、飞行弧线高，球落台后下滑速度快，是对付下旋球和削球的有效技术之一。比赛中，可配合使用前冲弧圈球改变击球节奏，创造主动。

（二）动作要领

1. 正手加转弧圈球（见图2-69、图2-70）

图2-69　横拍正手拉加转下旋球

图2-70　直拍正手拉加转弧圈球

① 引拍：站位中台，左脚在前，身体向右转，重心向右移，右肩下沉，手臂自然伸直向右后下方引拍，拍面前倾。

② 挥拍击球：在来球下降前期击球，右脚蹬地，身体向左转动，大臂带动前臂向左前上方挥拍，触球瞬间前臂迅速收近，摩擦球中或中上部。

③ 随势挥拍：双腿继续蹬地，前臂继续向左前上方随挥至左边前额高度，身体重心继续左移。

④ 还原：左腿支撑，迅速还原，准备下一板来球。

2.反手加转弧圈球（见图2-71、图2-72）

图2-71　横拍反手拉加转弧圈球

乒乓球教程

图2-72 直拍反面拉加转弧圈球

① 引拍：站位中台，右脚稍前，两膝微屈，身体向左转，重心向左移动，右肩下沉，肘关节略向外顶出，屈腕下垂，腹部内收，拍面前倾，向左后下方引拍至大腿内侧。

② 挥拍击球：以肘关节为支点，在高点期或下降前期，前臂迅速向右前上方触球中或中上部，两腿向上蹬地辅助发力。

③ 随势挥拍：前臂继续向右前上方挥拍，直至球拍随挥至右侧头部高度。

④ 还原：右脚蹬地，迅速还原准备回击下一板来球。

（三）技术动作关键点

（1）拉加转弧圈球，引拍多向下、少向后，同时以摩擦球制造旋转为重点。

（2）击球时借助蹬腿和转腰的力量，最后以前臂向上用力为主、向前用力为辅去摩擦球。

（3）随挥距离相对较长。

（四）练习方法

（1）徒手挥拍练习：体会动作要领，注意技术动作关键点。

（2）自抛自拉练习：自己抛球，在来球下降前期挥拍摩擦球，体会摩擦球感觉。

（3）二人多球练习拉球：一人发多球下旋球，一人练习正（反）手加转弧圈球。

（4）二人单球搓攻练习：陪练方发下旋球，主练方搓一板后，第4板拉加转弧圈球。

（5）二人单球削拉练习：一人削球，一人练习拉加转弧圈球。

（五）常见问题、原因和改进方法

序号	常见问题	原因	改进方法
1	拉空或拉球无力	拍面前倾过多、击球点不合适或挥拍过早	拍面稍前倾，击球点在身体右前方，向左前上方发力，并非纯粹向上用力
2	球无弧线，下网多	拍形不合适或摩擦不够	拍形稍前倾，摩擦球中部，向上发力为主
3	来球无力，向上走不往前走	击球晚，挥拍向上多，忽略向前用力	两腿向上发力，收腹；击球时，除向上用力外，还需向前发力，击球点在身体右前方

二、正（反）手前冲弧圈球

（一）特点和应用

正手前冲弧圈球具有出手快、球速快、弧线低、上旋强、着台后前冲力大等特点。它是一种将力量、速度和旋转结合较好的进攻技术。比赛中，它可以对付出台的发球、搓球、削球、推挡及进行对拉弧圈球，是主要得分手段。

（二）动作要领

1. 正手前冲弧圈球（见图2-73、图2-74）

图2-73　横拍正手拉前冲弧圈球

图2-74　直拍正手拉前冲弧圈球

第二章　乒乓球基本技术

① 引拍：左脚蹬地，身体重心向右移动，右肩下沉，前臂带动大臂向右后方引拍为主，向下较少，拍面前倾。

② 挥拍击球：在来球上升后期或高点期击球，右脚蹬地，身体向左转动，大臂带动前臂加速向左前上方挥拍，触球瞬间前臂和手腕迅速收近，摩擦来球中上部。

③ 随势挥拍：触球后，右脚继续蹬地，前臂向左前上方随挥至左边前额高度，重心移动到左侧。

④ 还原：左脚蹬地支撑，迅速还原准备下一板击球。

2. 反手前冲弧圈球（见图2-75、图2-76）

图2-75　横拍反手拉前冲弧圈球

105

图2-76 直拍反面拉前冲弧圈球

① 引拍：右脚稍前，左脚靠后，身体重心向左移动，右肩下沉，肘关节向外顶出，手腕内旋，腹部内收，拍面前倾，向左下方引拍至大腿内侧。

② 挥拍击球：以肘关节为支点，两腿向上蹬地，前臂迅速向右前上方发力，在高点期触球中上部，多向前发力，少向上发力。

③ 随势挥拍：触球后，前臂继续向右前上方发力，随挥至右侧头部高度，重心随之移到右侧。

④ 还原：右脚蹬地支撑，迅速还原准备下一板击球。

（三）技术动作关键点

（1）正手前冲弧圈球，引拍多向右后方，少向下方引拍。反手拉弧圈球引拍至腹前,手腕和腹部内收,肘关节外顶。

（2）击球时借助蹬腿和转腰的力量,最后以前臂向前方用力为主,向上发力为辅去摩擦球。

（四）练习方法

（1）徒手挥拍练习：体会动作要领,注意技术动作关键点。

（2）自抛自拉练习：自己向上抛球,在来球上升后期或高点期挥拍摩擦球。

（3）二人多球练习拉球：一人发多球下旋球,一人练习前冲弧圈球。

（4）一搓一拉练习：陪练方发下旋球,主练方搓一板后,第4板拉前冲弧圈球。

（5）一发一拉练习：陪练方发下旋球,主练方练习前冲弧圈球直接抢攻。

（6）二人单球连续拉弧圈球练习：一人防守,一人练习连续拉前冲弧圈球。

（五）常见问题、原因和改进方法

序号	常见问题	原因	改进方法
1	拉球力量小无力	引拍动作小或挥拍太晚,被球顶住	加大引拍距离和提前挥拍击球,击球时,前臂在腰腿带动下,在上升后期击球,多向前发力
2	球无弧线,下网多	拍形不合适或摩擦不够	拍形稍前倾,摩擦球中部,稍增加向上发力距离

三、正（反）手反拉弧圈球

（一）特点和应用

反拉弧圈球具有旋转强、速度快和威胁大的特点,是回击弧圈球技术中难度较高的技术动作要领,同时也是防守反击的重要手段,是弧圈进攻型打法需掌握的重要技术之一。实际比赛中,反拉弧圈球最常用来对付对方加转弧圈球。

（二）动作要领

1. 正手反拉弧圈球（见图2-77、图2-78）

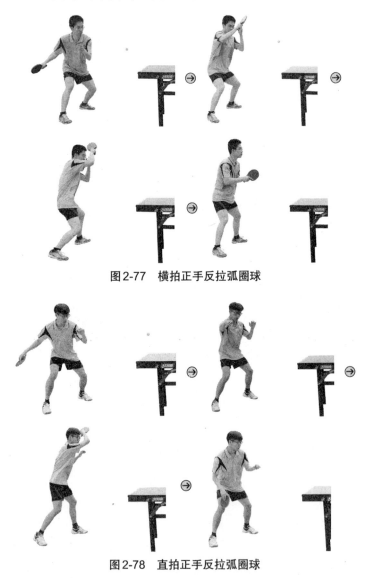

图2-77　横拍正手反拉弧圈球

图2-78　直拍正手反拉弧圈球

第二章 乒乓球基本技术

① 引拍：站位中台至中远台，身体重心向右转，持拍手适当提高，向右后方引拍。

② 挥拍击球：击球时，拍面前倾，在来球上升后期，触球中上部，以摩擦为主，向左前上方发力；触球时，手腕紧握球拍，保持拍面前倾和拍形固定。

③ 随势挥拍：触球后，继续保持前臂和手腕固定，依靠身体重心交换带动身体从右向左转，随势挥拍至左额前方。

④ 还原：左脚迅速蹬地支撑，迅速还原准备下一板击球。

2.反手反拉弧圈球（见图2-79、图2-80）

图2-79　横拍反手反拉弧圈球

图2-80　直拍反面反拉弧圈球

① 引拍：站位中远台，身体向左转，重心向左移，球拍高度高于台面，持拍手引拍至左腹前。

② 挥拍击球：击球时，左脚蹬地，身体重心向上提起，以肘关节为支点，右肩向前探出，前臂和手腕迅速向外展开，保持前臂和手腕相对固定，在来球上升后期触球中上部，发力摩擦来球。

③ 随势挥拍：触球后，继续保持前臂和手腕固定，依靠身体重心交换带动身体从左向右转随势挥拍至右额前上方。

④ 还原：击球后，右脚迅速蹬地，还原准备下一板击球。

第二章 乒乓球基本技术

（三）技术动作关键点

（1）引拍和击球依靠转腰而非拉手臂达成。

（2）击球点在上升后期，触球发力时前臂和手腕相对固定，包住来球后用力摩擦球。

（四）练习方法

（1）徒手挥拍练习：体会动作要领，注意技术动作关键点。

（2）二人单球定落点练习：陪练方发下旋球，陪练方按计划拉球至其正（反）手位，主练方采用正（反）手反拉弧圈球技术回击。

（3）二人单球不定落点练习：主练方发下旋半出台球至陪练方，陪练方随机拉球至主练方正手或反手位，主练方采用正手或反手反拉弧圈球技术回击。

（五）常见问题、原因和改进方法

序号	常见问题	原因	改进方法
1	回球质量不高，速度慢，旋转不强	拉手动作过大或发力过于向上	击球时转腰，借助来球力量向前上方发力，而非拉手臂甩手臂击球
2	拉球失误率高	击球时间太晚、手腕动作多	击球时，前臂和手腕相对固定，手腕包住来球，快速内收。击球点在身体前方，从后向前发力

四、正手（中）远台对拉弧圈球

（一）特点和应用

正手中远台对拉弧圈球旋转强、力量大、速度慢，落台后有一定的前冲力，是弧圈球选手的必备技术之一。比赛中，应用得当，可使本方从被动转为主动。同时攻削选手也可将此项技术作为反攻或变化击球节奏的一种手段。

（二）动作要领（见图2-81、图2-82）

图2-81　横拍正手中远台对拉

图2-82　直拍正手中远台对拉

① 引拍：站位中远至远台，左脚蹬地，身体向右转动，重心向右移，上臂带动前臂向身体右后方引拍，球拍低于来球。

② 挥拍击球：在来球下降前期或高点期，右脚蹬地，身体向左转，重心随之左移，大臂带动前臂向左前上方挥拍。

③ 随势挥拍：触球后，身体继续向左前上方发力随挥至左上额处。

④ 还原：左脚蹬地，迅速还原，准备回击下一板来球。

（三）技术动作关键点

（1）引拍向右后方为主，少向下方引拍。

（2）来球下降前期或高点期击球，摩擦为主、击打为辅。

（3）发力方向从右后方向左前上方击球，随挥距离较长。

（四）练习方法

（1）徒手挥拍练习：体会动作要领，注意技术动作关键点。

（2）二人单球练习：发球后，二人在中远台进行对拉弧圈球练习。

（五）常见问题、原因和改进方法

序号	常见问题	原因	改进方法
1	拉空	未迎前击球	击球时，在蹬腿转腰的带动下，迎前击球，击球点在身体右前方，向左前上方发力，前臂和手腕用力为主
2	来球力量小无力	引拍动作小或挥拍太晚，被球顶住	加大引拍距离和提前挥拍击球，击球时，前臂在腰腿带动下，在下降前期或高点期击球，多向前发力

五、反手（面）侧拉台内球

（一）特点和应用

反手（面）侧拉台内球，也称台内侧拧技术，具有隐蔽性高、旋转性强、弧线飘忽不定的特点,而且球带有右侧上旋的性质,容易打乱对方的节奏。比赛中,此种技术主要用于回接反手位短球,破坏对方第三板抢攻或进攻的节奏。

(二)动作要领(见图2-83、图2-84)

图2-83 横拍反手侧拉台内球

图2-84　直拍反面侧拉台内球

① 引拍：右脚向前迈步，身体前迎，重心跟上，肘关节抬高前顶，手腕内屈，拍头向下且低于来球上升高点期。

② 挥拍击球：左脚蹬地，身体重心向上提起，以肘关节为支点，在来球上升后期或高点期向右前上方触球；当来球为下旋球时，则触球中部（侧面中部）多向右前上方摩擦球；当球为上旋或不转时，拍形垂直，触球中部或侧面中部，多向右前方发力摩擦球。

③ 随势挥拍：触球后，身体继续前迎，手臂向右前上方继续发力随挥。

④ 还原：击球后，右腿迅速蹬地向后撤，还原准备下一板击球。

（三）技术动作关键点

（1）支点为肘关节，手腕内屈，拍头向下，向内收。

（2）击球时间为来球上升后期或高点期，触球瞬间前臂和手腕相对固定，不要随意甩手腕。

（四）练习方法

（1）徒手挥拍练习：体会动作要领，注意技术动作关键点。

（2）自抛自拧拉练习：持球手抛球，持拍手做拧拉练习。

（3）二人多球练习：陪练方发多球上（下）旋球至主练方反手位，主练方练习反手拧拉上（下）旋球。

（4）二人单球固定旋转练习：陪练方按预定计划发上（下）旋球至主练方反手位，主练方练习反手拧拉上（下）旋球。

（5）二人单球不定旋转练习：陪练方随机发上（下）旋短球至主练方反手位，主练方根据来球旋转等练习反手拧拉上（下）旋球。

（五）常见问题、原因和改进方法

序号	常见问题	原因	改进方法
1	回球质量不高，速度慢，旋转不强	手腕内收不充分，引拍距离不够	肘关节前顶，腕关节内收充分，球拍拍头向下，从右下向右前上方挥拍，挥拍轨迹成S形
2	球下网或出界	撞击多，摩擦少	击球时，来球高点期，摩擦球的左侧中上部位

第八节　削球技术

一、正（反）手中远台削球

（一）特点和应用

中远台削球具有站位近、动作幅度小、击球点高和回球速度快的特点。比赛中，其因速度快，给对方反应时间少，配合落点变化，增加对方回球难度，给自己创造机会。

（二）动作要领

1. 正手中远台削球（见图2-85）

图2-85 正手中远台削球

① 站位：站位中远台，左脚在前，右脚略后。

② 引拍：左脚蹬地，身体向右转，手臂外旋，拍面后仰，前臂提起引拍至右肩膀上方。

③ 挥拍击球：击球时，右脚蹬地，身体向左转动，在来球下降前期，大臂带动前臂向左前下方击球中下部，触球瞬间手腕下切摩擦球。

④ 随势挥拍：触球后，身体继续左转，前臂随势继续向左前下方挥拍。

⑤ 还原：击球后，左腿迅速蹬地，还原至准备下一板来球。

2. 反手中远台削球（见图2-86）

图2-86 横拍反手中远台削球

① 站位：站位中远台，右脚在前，左脚在后。

② 引拍：右脚蹬地，身体向左转，拍面后仰，前臂提起引拍至身体左后方。

③ 挥拍击球：击球时，左脚蹬地，身体向右转动，在来球下降前期，大臂带动前臂向右前下方击球中下部，触球瞬间手腕下切摩擦球。

④ 随势挥拍：触球后，身体继续右转，前臂随势继续向右前下方挥拍。

⑤ 还原：击球后，重心迅速还原准备还击下一板来球。

（三）技术动作关键点

（1）引拍幅度大，拍形后仰，来球下降前期触球中下部。

（2）触球瞬间，身体转动，手臂带动手腕向前下方切球，加强旋转。

（四）练习方法

（1）徒手挥拍练习：体会动作要领，注意技术动作关键点。

（2）结合步法做徒手挥拍练习：体会手脚结合动作。

（3）二人多球练习：陪练方发多球至主练方正（反）手位，主练方练习定点正（反）手削球。熟练之后在练习正（反）手不定点削球。

（4）二人单球练习：陪练方拉弧圈球至主练方正（反）手位，主练方练习定点正（反）手削球。熟练之后在练习正（反）手不定点削球。

（5）二人单球练习一点削两点：主练方正（反）手削球至对方左、右两点，体会削不定点的动作。

（五）常见问题、原因和改进方法

序号	常见问题	原因	改进方法
1	回球旋转程度不强，球速偏快	引拍距离不够长，摩擦少	向后上方引拍，加大引拍距离，拍形后仰，击球中下部，向下方砍去摩擦球
2	球下网或出界	撞击多，摩擦少	击球时，来球下降前期，摩擦球的中下部位
3	回球感觉发不上力	重心高，击球时间不对，胳膊用力	击球时，右脚蹬地，转髋和腰，最后依靠前臂和手腕的力量，在下降前期击球

二、正（反）手削转与不转球

（一）特点和应用

比赛中采用相似动作削出旋转性质不同的来球，扰乱对方的判断，造成击球失误或出机会球，为自身进攻创造条件。

（二）动作要领

1. 正手削转与不转球（见图2-87、图2-88）

图2-87　正手削转球

图2-88　正手削不转球

第二章 乒乓球基本技术

① 引拍：身体向右转，拍面后仰，前臂提起引拍至身体右后上方。

② 挥拍击球：击球时，右脚蹬地，身体向左转动，在来球下降后期击球；如果削转球，则是在来球下降后期，大臂带动前臂向左前下方击球中下部，触球瞬间手腕下切球，用力去摩擦来球；如果削不转球，则是大臂带动前臂向左前下方击球中部，触球瞬间手腕向前推送球。

③ 随势挥拍：触球后，身体继续左转，前臂随势继续向左前下方挥拍摩擦（推送）球。

④ 还原：击球后，重心迅速还原至两脚之间。

2.反手削转与不转球（见图2-89、图2-90）

图2-89　反手削转球

121

图2-90 反手削不转球

① 站位：站位中远台，右脚在前，左脚在后。

② 引拍：右脚蹬地，身体向左转，拍面后仰，前臂提起引拍至身体左后方。

③ 挥拍击球：击球时，左脚蹬地，身体向右转动，在来球下降前期击球；如果削转球，则是在来球下降前期，大臂带动前臂向右前下方击球中下部，触球瞬间手腕下切球，用力去摩擦来球；如果削不转球，则是大臂带动前臂向左前下方击球中部，触球瞬间手腕向右前方推送球。

④ 随势挥拍：触球后，身体继续右转，前臂随势继续向右前下方挥拍摩擦（推送）球。

⑤ 还原：击球后，重心迅速还原，准备还击下一板来球。

(三)技术动作关键点

(1)击球时手腕相对固定,不能依靠手腕去发力摩擦球。

(2)削转球时,球拍拍形后仰,触球中下部,摩擦。削不转球时,拍形竖直,触球中部,向前推送来球。

(四)练习方法

(1)徒手挥拍练习:体会动作要领,注意技术动作关键点。

(2)结合步法做徒手挥拍练习:体会手法和步法的衔接流畅性。

(3)二人多球练习:陪练方发多球至主练方正手位,主练方练习定点正手削加转(不转)球。熟练之后在练习正手不定点削加转(不转)球。

(4)二人单球练习:陪练方拉弧圈球至主练方正手位,主练方练习定点正手削加转(不转)球。熟练之后在练习不定点削加转(不转)球。

(5)二人单球练习一点削两点:主练方正手削球至对方左、右两点的加转(不转)球,体会削不定点的动作。

(五)常见问题、原因和改进方法

序号	常见问题	原因	改进方法
1	转与不转球旋转和速度差异不显著	触球拍形和触球部位接近	削转球,拍形后仰,触球中下部,发力以摩擦为主。削不转球则是拍形竖直,触球中部,向前推送,撞击来球
2	击球不稳定,旋转差距不明显	腰腿力量配合不协调,手上动作多	发力,脚蹬地,腰腿结合转动,最终力量传递至前臂,手腕和手指发力

第九节 基本步法

一、单步

（一）特点和应用

单步动作简单，移动范围小，但是移动中重心转换比较平稳，是各种打法运动员都需要运用的常见步法。只要球离身体一步之内距离都可以采用此种步法。

（二）动作要领（见图2-91）

图2-91 单步移动及挥拍

① 启动：来球异侧脚前脚掌内侧为轴转动，蹬地用力。

② 移动：另一只脚向前、后、左、右移动，身体重心随之转移至移动脚。

③ 支撑还原：移动腿前脚掌内侧用力蹬地还原，回到准备姿势，引拍准备击球。

（三）技术动作关键点

（1）一只脚作为支撑腿，另一只脚移动，身体重心随之跟向移动腿方向。

（2）击球后，注意用移动腿的前脚掌内侧蹬地还原。

（四）练习方法

（1）单个步法移动的动作模仿练习。

（2）结合球台，划出区域，结合手法进行徒手模仿技术动作练习。如正手单步挑打短球、反手单步后撤回击长球和正手单步后撤回击长球等。

（3）二人多球练习：发多球，结合手上动作，进行相应步法练习，诸如正反手上前单步挑打、后撤单步回击长球等。

（4）二人单球练习：陪练控制半台内不同落点，练习者接球进行相应步法练习。

（五）常见问题、原因和改进方法

序号	常见问题	原因	改进方法
1	步法移动，但是重心留在支撑腿上	重心并未跟上	移动步法后，身体重心随之跟向移动腿方向
2	重心上下起伏	膝关节上下颤抖	移动时，身体重心平稳，膝关节始终保持弯曲
3	蹬地无力，移动不起来	后脚跟着地	移动前，后脚跟离地，前脚掌内侧蹬地发力，快速启动

二、跨步

（一）特点和应用

跨步移动距离比单步大，速度快，同时重心会有所降低，因此借力还击较多，不属于主动发力。比赛中，可以采用其应对离身体稍远，且是借力还击的球。

（二）动作要领（见图2-92）

图2-92　跨步移动及挥拍

① 启动：来球异侧脚前脚掌内侧蹬地用力。

② 移动：来球同侧脚向来球方向进行前、后、左、右跨出一大步，身体重心随之跟向移动脚；同时蹬地脚迅速滑动半步跟过去，随之挥拍击球。

③ 支撑还原：移动脚快速蹬地还原，回到准备姿势，引拍准备击球。

（三）技术动作关键点

（1）跨步移动距离不可太大，否则容易失去重心，导致回球质量低。

（2）移动脚蹬地移动之后，另一只脚快速滑步跟上。双脚不同时离地。

（3）击球后，移动脚的脚掌内侧蹬地，身体迅速还原。

（四）练习方法

（1）单个步法移动的动作模仿练习。

（2）结合球台，划出区域，结合手法进行徒手模仿技术动作练习。如向右或后方跨步回击正手位来球、向左或后方跨步回击反手位来球等。

（3）二人多球练习：发多球，结合手上动作，进行相应步法练习，如向右或后方跨步回击正手位来球、向左或后方跨步回击反手位来球等。

（4）二人单球练习：在技术练习中应用，如在练习技术中刻意进行正（反）手位的大角度来球，使用跨步回接。

（五）常见问题、原因和改进方法

序号	常见问题	原因	改进方法
1	移动后，重心太低，击球无力	移动距离过大	跨步移动距离不适合太大，否则移动中失去重心，不适合还击来球
2	蹬地无力，移动不起来	后脚跟着地	后脚跟离地，前脚掌内侧蹬地发力，快速启动

三、并步

（一）特点和应用

并步移动距离比跨步大，比跳步小。相比跳步，并步移动过程中身体不腾空，重心起伏小，有利于身体重心保持平衡。不同于跨步的是，此种步法即可借力环节，又可主动发力还击，攻球和削球选手在距离相对较小的移动中多采用此法。

（二）动作要领（见图2-93）

图2-93　并步移动

① 启动：来球异侧脚前脚掌内侧蹬地用力，向另一只脚靠近。

② 移动：之后来球同侧方向的脚在向来球方向迈一步，落地后挥拍击球。

③ 支撑还原：来球同侧脚快速蹬地支撑还原，回到准备姿势，（引拍）准备击球。

（三）技术动作关键点

（1）来球异侧脚先向同侧脚靠近，之后同侧脚在向来球方向迈步（顺序同滑步相反）。

（2）脚不离地，无腾空动作，重心保持平稳。

（四）练习方法

（1）单个步法移动的动作模仿练习。

（2）结合球台，划出区域，结合手法进行徒手模仿技术动作练习。如向右或后方并步回击正手位来球、向左或后方并步回击反手位来球等。

（3）二人多球练习：发多球，结合手上动作，进行相应步法练习，如正手及侧身位连续攻或拉球，正反手的小范围衔接等。

（4）二人单球练习：在技术练习中应用，如正手位及侧身位连续攻或拉球，正反手的小范围衔接等。

四、跳步

（一）特点和应用

跳步的移动距离比并步和跨步都大，且落地后还能主动发力还击来球，是比赛中常用步法之一。比赛中，其可用来回击侧身位来球，或从中台移向正（反）手位大角度来球都可应用。

（二）动作要领（见图2-94）

图2-94　跳步移动

①启动:两脚同时离地,向左、右、前和后方移动。

②移动:蹬地用力的脚先着地;身体重心也随之落在击球同侧脚上,挥拍击球。

③支撑还原:击球同侧脚快速蹬地还原,回到准备姿势,(引拍)准备击球。

(三)技术动作关键点

(1)双脚同时发力。腾空跳跃时,尽量保持身体重心在空中平稳移动。

(2)落地时,屈膝缓冲的同时做好击球准备动作,落地便开始击球。

(四)练习方法

(1)单个步法移动的动作模仿练习。

(2)结合球台,划出区域,结合手法进行徒手模仿技术动作练习。如向右或后方跳步回击正手位大角度来球、侧身回接来球等。

(3)二人多球练习:发多球,结合手上动作,进行相应步法练习,如反手和侧身位跳步衔接,正反手之间大范围的衔接诸如大角度的左推右攻或弧圈球、发球和正手大角度抢攻等。

(4)二人单球练习:在技术练习中应用,如反手和侧身位跳步衔接,大角度的左推右攻或弧圈球、发球和正手大角度抢攻等。

(五)常见问题、原因和改进方法

序号	常见问题	原因	改进方法
1	移动时,重心起伏太大	脚离地后,腰部未收紧	移动时,收紧腰腹部,平稳移动,落地有缓冲
2	蹬地无力,移动不起来	后脚跟着地	后脚跟离地,前脚掌内侧蹬地发力,快速启动
3	击球被顶,感觉来不及、发不出力	引拍时间太晚	跳步落地缓冲过程中准备击球,落地开始挥拍击球

五、交叉步

（一）特点和应用

交叉步移动距离和幅度非常大，能对付离身体较远的来球，而且其能充分利用身体转体的力量，球威胁大。但是其技术动作难度相对较大。比赛中，侧身进攻后扑正手位大角度空档，或从正手位向反手位还原，回击反手位大角度来球时常采用此方法。

（二）动作要领（见图2-95）

图2-95　交叉步移动

① 启动：来球同侧脚为支撑脚。

② 移动：异侧脚迅速向来球方向跨出一大步，两脚在身前形成前交叉步；之后支撑脚再发力跟随着前脚的方向前迈出一步，落在另一脚的侧后方。

③ 支撑还原：支撑脚快速蹬地还原，回到准备姿势，（引拍）准备击球。

（三）技术动作关键点

（1）交叉步移动和击球时机需配合好。

（2）在移动的过程中身体重心跟随着移动脚步移动。与跳步区别在于，交叉步是来球同侧脚滞后发力（见图2-95中，右脚）；跳步则是来球同侧脚与异侧脚同时发力。

（3）落地后即挥拍击球。

（4）动作幅度大，击球后要支撑腿要快速蹬地还原。

（四）练习方法

（1）单个步法移动的动作模仿练习。

（2）结合球台，划出区域，结合手法进行徒手模仿技术动作练习。如练习侧身扑正手或正手扑反手位大角度来球。

（3）二人多球练习：发多球，结合手上动作，进行相应步法练习，如练习多球的推挡、侧身后扑正手或正手扑反手位大角度来球。

（4）二人单球练习：在技术练习中应用，如单球练习推、侧和扑正手后，在扑反手的练习。

（五）常见问题、原因和改进方法

序号	常见问题	原因	改进方法
1	移动时，重心并未跟上，击球无力	身体重心并未跟着脚步移动	移动时，身体重心始终跟随着移动脚
2	蹬地无力，移动不起来	后脚跟着地	后脚跟离地，前脚掌内侧蹬地发力，快速启动
3	击球被顶，感觉来不及、发不出力	引拍时间太晚	支撑腿落地缓冲时准备击球，落地就挥拍击球

第三章 乒乓球结合技术

乒乓球结合技术是由两个以上的单一技术构成或单一技术在不同情况下连续使用构成的技术组合，也是构成乒乓球战术行动的基本单元。

结合技术是在单一技术基础上形成的，但是如果单一技术练得过硬，结合技术练得不够，即使单一技术动作达到高标准，到赛场上还是会出现实战和练习脱节的现象：一方掌握赛场上的主动权，而另一方无法流畅地进行攻守转换，单一技术优势发挥不出来；深陷对手的节奏中，疲于应付，也就无从谈起执行既定战术。因此，结合技术也是承接单一技术和整体战术思想的纽带。它的根本目的是把进攻、控制和防守组合成体系，确保在比赛的复杂情况中，进攻和防守转换能够行云流水，继而顺利执行预期战术。

结合技术的关键，在于两个或多个单一技术间的连接部分，包括身体位置的过渡（找到新的击球点）、身体姿态的过渡（避免关节活动限制）和重心的过渡（重新发力），三者是统一而不可分割的。科学高效地完成这些转换工作，不仅能够在连续多拍回合中，将单一技术从容发挥到最大威力，亦可以减少运动损伤的发生。

按照使用的时机，结合技术可以分成：发球与抢攻结合技术、接球和抢攻结合技术、连续进攻结合技术和削球结合技术。其中，左推右攻、高吊和前冲弧圈球的组合、推挡（拨）、侧身和扑正手、正手全台拉弧圈球和搓球后抢拉等都是常用的结合技术。

第一节 发球与抢攻结合技术

一、发球后正手抢拉技术

（一）正手发球后扑正手位抢拉技术

1. 技术动作图解（见图 3-1、图 3-2）

图 3-1 横拍正手发球后正手抢拉

第三章　乒乓球结合技术

图3-2　直拍正手发球后正手抢拉

（1）发球［图3-1（a）、(b) 和图3-2（a）、(b)］：根据对方回接球的能力和自身战术需求，选择发球。

（2）发球后还原［图3-1（c）和图3-2（c）］：左脚蹬地，右脚向球台方向移动；身体转向球台，左脚撤步调整，还原准备下一板击球。

(3)移位迎击下一板来球［图3-1（d）、（e）和图3-2（d）、（e）］：左脚蹬地，右脚向右侧来球方向移动，并在移位过程中完成引拍动作。

(4)挥拍拉球［图3-1（f）、（g）和图3-2（f）、（g）］：右脚蹬地发力，向左转动身体，挥拍击球。

(5)击球后还原［图3-1（h）、（i）和图3-2（h）、（i）］：左脚蹬地支撑，迅速还原，准备迎击下一板来球。

2. 技术动作关键点

(1)发球技术使用严谨，并预先估计对方回接球的落点和旋转强弱。

(2)移位过程中引拍，步法到位后立即挥拍击球。

(3)发球和进攻注意衔接，利用可选择的击球点进行调节。

3. 练习方法

(1)徒手练习：不带球，提高手、脚步法移动配合的一致性。

(2)二人多球练习：利用多球练习发球后扑正手位抢拉，主要强化手、脚配合协调性，两个动作之间的衔接。

(3)二人单球练习：利用单球练习发球后扑正手位抢拉，强化发球的战术效果和连贯动作的节奏感。

（二）正手发球后侧身抢拉技术

1. 技术动作图解（见图3-3、图3-4）

(a)　　　　　　　(b)　　　　　　　(c)

第三章 乒乓球结合技术

图3-3 横拍正手发球后侧身抢拉

(g)　　　　　　　　(h)

图3-4　直拍正手发球后侧身抢拉

（1）发球［图3-3（a）、（b）和图3-4（a）、（b）］：根据对方回接球的能力和自身战术需求，选择发球。

（2）发球后还原［图3-3（c）和图3-4（c）］：左脚蹬地，右脚向球台方向移动；左脚撤步调整，还原准备下一板击球。

（3）移位准备迎接下一板球［图3-3（d）、（e）和图3-4（d）、（e）］：右脚蹬地，跳步左移向侧身位，重心保持在右侧腿上，并在移位过程中完成引拍。

（4）挥拍拉球［图3-3（f）、（g）和图3-4（f）、（g）］：右脚蹬地发力，身体向左转，挥拍击球，转腰幅度较大。

（5）击球后还原［图3-3（h）和图3-4（h）］：左脚蹬地支撑，还原。

2.技术动作关键点

（1）发球技术使用严谨，预先估计对方回接球的落点和旋转强弱。

（2）判断准确，侧身移动务必向左充分侧开，保证击球空间，同时在移动步法过程中引拍，步法到位后挥拍击球。

（3）进攻和发球技术衔接要好，注意利用可选择的击球点进行调节。

3. 练习方法

（1）徒手练习：徒手进行发球后侧身抢拉技术练习，提高手、脚步法移动配合。

（2）二人多球练习：利用多球练习发球后侧身位抢拉，主要强化手、脚配合协调性，两个动作之间的衔接。

（3）二人单球练习：利用单球练习发球后侧身位抢拉（陪练员接发球），强化发球的战术效果和连贯动作的节奏感。

二、发球后反手抢拉技术

正手发球后反手抢拉技术。

1. 技术动作图解（见图3-5）

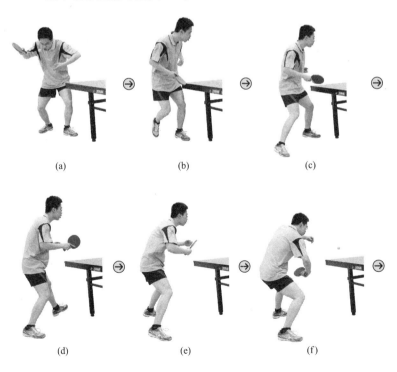

(a) (b) (c)

(d) (e) (f)

139

(g)　　　　　　　　　(h)

图3-5　横拍正手发球后反手抢拉

（1）发球［图3-5（a）、（b）］：根据对方回接球的能力和自身战术需求，选择发球。

（2）发球后还原［图3-5（c）］：左脚蹬地，右脚向球台方向移动，准备下一板击球。

（3）移位准备迎击下一板球［图3-5（d）、（e）］：右脚蹬地，左脚后侧，采用单步或跨步移向来球位置，重心下沉，并在移位过程中完成引拍动作。

（4）挥拍拉球［图3-5（f）、（g）］：双腿同时向上发力，身体微向右转，挥拍击球。

（5）击球后还原［图3-5（h）］：右脚蹬地支撑，还原身体姿势，准备下一板击球。

2. 技术动作关键点

（1）发球技术使用严谨，预先估计对方回接球的落点和旋转强弱。

（2）判断准确，同时在移位过程中引拍，步法到位后挥拍击球。

（3）注意进攻和发球技术的衔接，利用可选择的击球点进行调节。

3.练习方法

（1）徒手练习：徒手进行正手发球后反手抢拉技术练习，提高手、脚步法移动协调配合。

（2）二人多球练习：利用多球练习发球后反手抢拉，主要强化手、脚配合协调性，两个动作之间的衔接。

（3）二人单球练习：利用单球练习发球后反手抢拉，强化发球的战术效果和连贯动作的节奏感。

第二节 接球和抢攻结合技术

一、搓接后抢攻技术

（一）反手搓球后正手侧身位抢拉技术

1.技术动作图解（见图3-6、图3-7）

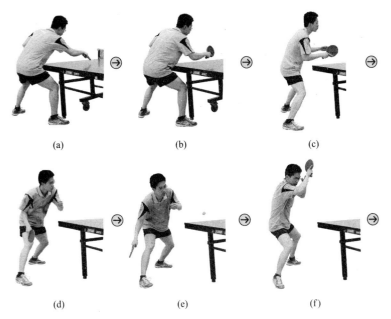

(g) (h)

图3-6 横拍反手搓球后正手侧身位抢拉

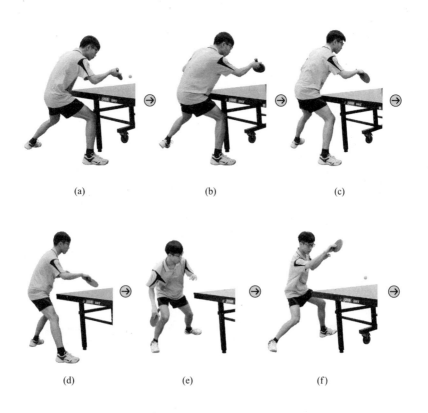

(a) (b) (c)

(d) (e) (f)

第三章　乒乓球结合技术

图3-7　直拍反手搓球后正手侧身位抢拉

（1）搓球［图3-6（a）、（b）和图3-7（a）、（b）］：根据来球旋转和长短，决定右脚上步距离和拍形，搓接来球。

（2）搓球后还原［图3-6（c）和图3-7（c）］：右脚蹬地，快速后撤。

（3）移位准备下一板击球［图3-6（d）、（e）和图3-7（d）、（e）］：右脚蹬地，采用跳步迅速侧身，在移位过程中快速完成引拍。

（4）挥拍拉球［图3-6（f）、（g）和图3-7（f）、（g）］：右脚蹬地发力，收紧上身，挥拍击球。

（5）还原［图3-6（h）和图3-7（h）］：左脚蹬地支撑，随后迅速采用跳步或并步向右移动还原，准备下一板击球。

2.技术动作关键点

（1）搓球一定带有目的性，注意长短、落点以及与后一板拉球的衔接。

（2）判断准确，同时在移动步法过程中引拍，步法到位后挥拍击球。

3. 练习方法

（1）二人多球练习：陪练方发多球下旋球至本方反手位，第一板短球主练方搓球回接，第二板出台球则采用侧身抢拉。

（2）二人单球练习：陪练方发下旋球单球至主练方反手位，主练方搓球回接过去之后，陪练方回搓出台球至对方反手位，主练方侧身抢拉。

（二）正手搓接后正手位抢拉技术

1. 技术动作图解（见图3-8、图3-9）

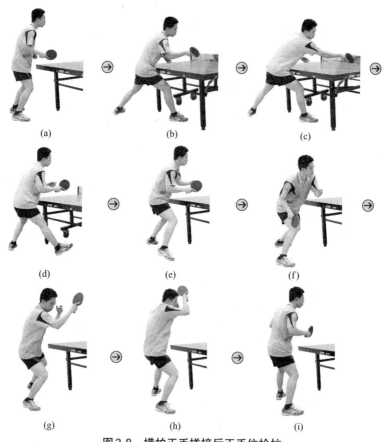

图3-8　横拍正手搓接后正手位抢拉

第三章 乒乓球结合技术

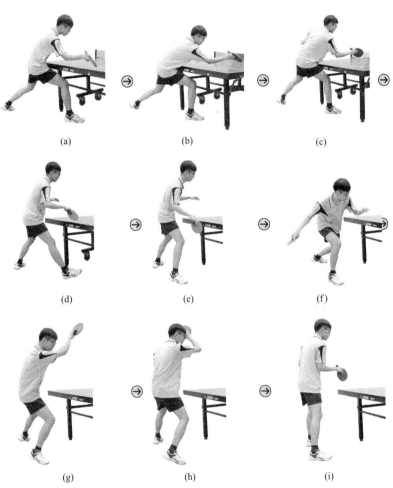

图3-9 直拍正手搓接后正手位抢拉

（1）搓球［图3-8（a）、(b)、(c) 和图3-9（a）、(b)、(c)］：根据来球旋转和长短，决定右腿上步距离和拍形，搓接来球。

（2）搓球后还原［图3-8（d）和图3-9（d）］：右脚蹬地，快速后撤还原。

（3）移位准备下一板击球［图3-8（e）、(f) 和图3-9（e）、(f)］：左脚蹬地，重心转向右腿，右脚向正手来球方向迅速移动，并在移位过程中完成引拍。

（4）挥拍拉球［图3-8（g）、(h) 和图3-9（g）、(h)］：右腿发力，收紧上身，挥拍击球。

（5）还原［图3-8（i）和图3-9（i）］：左脚支撑，随后迅速采用跳步或并步还原。

2. 技术动作关键点

（1）搓球带有目的性，注意长短、落点以及与后一板拉球的衔接。

（2）判断准确，移动步法及时，在移位过程中引拍，到位后立刻挥拍击球。

3. 练习方法

（1）徒手挥拍练习：徒手进行搓球后正手抢拉动作练习，强化手脚协调配合。

（2）二人多球练习：陪练方交替发下旋球，正手位短球、正手位长球，主练方进行搓球后正手位抢拉训练。

（3）二人单球练习：陪练方发下旋球至主练方正手位，主练方搓球回接过去后，陪练方回搓出台球至对方正手位，主练方进行正手抢拉。

（三）正手搓接后反手抢拉技术

1. 技术动作图解（见图3-10、图3-11）

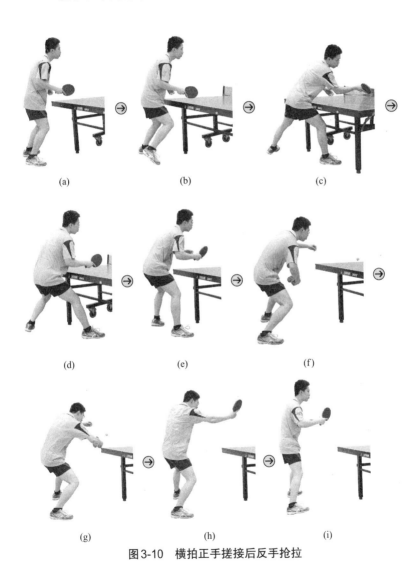

图3-10 横拍正手搓接后反手抢拉

图3-11 直拍正手搓接后反手抢拉

（1）搓球［图3-10（a）～（c）和图3-11（a）～（c）］：根据来球旋转和长短，决定右腿上步距离和拍形，搓接来球。

（2）搓球后还原［图3-10（d）和图3-11（d）］：右脚蹬地，快速后撤，还原。

（3）移位准备下一板击球［图3-10（e）、（f）和图3-11（e）、（f）］：根据来球迅速移动位置，重心下沉，在移位过程中快速完成引拍。

（4）挥拍拉球［图3-10（g）、（h）和图3-11（g）、（h）］：双腿发力，收紧上身，挥拍击球，重心向右移。

（5）还原［图3-10（i）和图3-11（i）］：右脚蹬地支撑，迅速还原，准备下一板击球。

2.技术动作关键点

（1）搓球一定带有目的性，注意长短、落点以及与后一板拉球的衔接。

（2）判断准确，同时在移位过程中引拍，步法到位后挥拍击球。

3.练习方法

（1）徒手挥拍练习：徒手进行搓球后反手抢拉动作练习，强化手脚协调配合。

（2）二人多球练习：陪练方交替发下旋球、正手位短球、反手位长球，主练方进行搓球后反手抢拉训练。

（3）二人单球练习：陪练方发下旋球至主练方正手位，主练方搓球回接过去之后，陪练方回搓出台球回至对方反手位，主练方反手抢拉。

(四)反手搓接后反手抢拉技术

1. 技术动作图解(见图3-12、图3-13)

图3-12 横拍反手搓接后反手抢拉

第三章 乒乓球结合技术

图3-13 直拍反手搓接后反手抢拉

(1)搓球［图3-12（a）、（b）和图3-13（a）、（b）］：根据来球旋转和长短，决定右脚上步距离和拍形，搓接来球。

(2)搓球后还原［图3-12（c）和图3-13（c）］：右脚蹬地，快速后撤还原。

(3)移位准备下一板击球［图3-12（d）、（e）和图3-13（d）、（e）］：根据来球迅速移动位置，重心下沉，在移位过程中快速完成引拍。

(4)挥拍拉球［图3-12（f）、（g）和图3-13（f）、（g）］：双腿蹬地发力，收紧上身，挥拍击球。

(5)还原［图3-12（h）和图3-13（h）］：右脚蹬地支撑，迅速还原，准备下一板击球。

2. 技术动作关键点

(1)搓球一定带有目的性，注意长短、落点以及与后一板拉球的衔接。

(2)判断准确，同时在移动步法过程中引拍，步法到位后挥拍击球。

3. 练习方法

(1)二人多球练习：陪练方交替发反手位短球、反手位长球，主练方练习反手搓球后反手抢拉。

(2)二人单球练习：陪练方发下旋球至主练方反手位，主练方搓球回接过去之后，陪练方回搓出台球至对方反手位，主练方反手抢拉。

（五）反手搓接后正手抢拉技术

1. 技术动作图解（见图3-14、图3-15）

图3-14　横拍反手搓接后正手抢拉技术

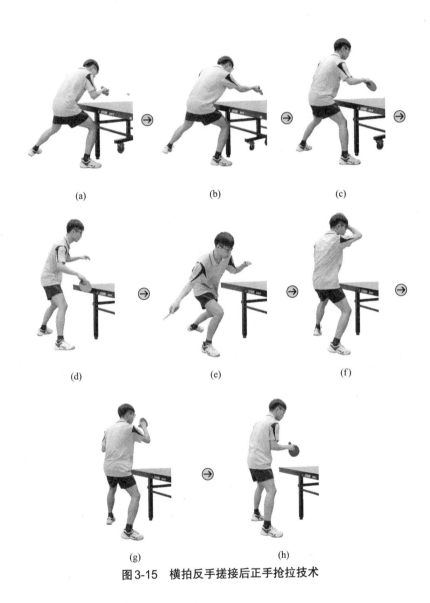

图3-15 横拍反手搓接后正手抢拉技术

（1）搓球［图3-14（a）~（c）和图3-15（a）~（c）］：根据来球旋转和长短，决定右脚上步距离和拍形，搓接来球后，右脚蹬地迅速后撤还原。

（2）移位准备下一板来球［图3-14（d）、（e）和图3-15（d）、（e）］：左脚蹬地，右脚向右侧来球方向移动，重心移至右腿上，身体随之右转，引拍准备下一板击球。

（3）挥拍拉球［图3-14（f）、（g）和图3-15（f）、（g）］：右脚蹬地发力，收紧上身，身体向左转，重心随之移向左侧，挥拍击球。

（4）还原［图3-14（h）和图3-15（h）］：左脚蹬地支撑，迅速还原，准备下一板击球。

2.技术动作关键点

（1）搓球一定带有目的性，注意长短、落点以及与后一板拉球的衔接。

（2）判断准确，同时在移动步法过程中引拍，步法到位后挥拍击球。

3.练习方法

（1）二人多球练习：陪练方交替发下旋反手位短球、正手位长球，主练方练习反手搓球后正手拉球。

（2）二人单球练习：陪练方发下旋球至主练方反手位，主练方搓球回接过去之后，陪练方回搓出台球至主练方正手位，主练方正手抢拉。

二、推拨接后抢攻技术

(一)左推(拨)右攻技术

1. 技术动作图解(见图3-16、图3-17)

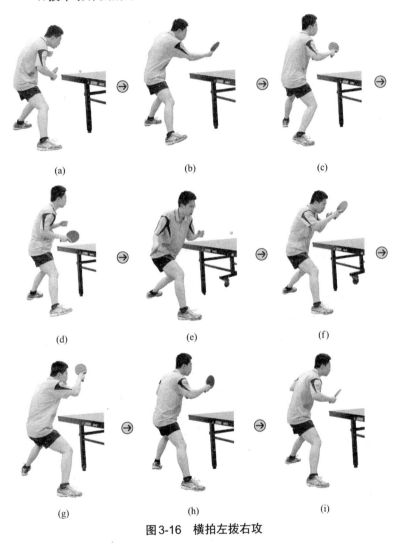

图3-16 横拍左拨右攻

第三章 乒乓球结合技术

图3-17 直拍左推右攻

(1)推挡(拨球)[图3-16(a)、(b)和图3-17(a)、(b)]:根据来球旋转和长短,决定推挡或拨球的拍形和击球点,回击来球。

(2)推挡后还原[图3-16(c)和图3-17(c)]:右脚迅速后撤,手型还原,准备向右移动。

(3)移位准备下一板击球[图3-16(d)、(e)和图3-17(d)、(e)]:向右侧来球方向迅速移动后,重心下沉,同时完成引拍。

(4)挥拍攻球[图3-16(f)、(g)和图3-17(f)、(g)]:右腿蹬地发力,收紧上身,挥拍击球。

(5)还原[图3-16(h)、(i)和图3-17(h)、(i)]:右脚蹬地,迅速向左移动还原,准备下一板击球。

2.技术动作关键点

(1)推挡或反手拨球一定带有目的性,注意落点以及与后一板攻球的衔接。

(2)判断准确,同时在移动步法过程中引拍,步法到位后挥拍击球。

3.练习方法

(1)二人多球练习:陪练方发多球交替至反手位和正手位,主练方依次采用反手和正手回接。

(2)二人单球练习:陪练方从发上旋球至对方反手位,主练方回球至对方反手位,之后陪练方反手推球,交替回球至主练方正、反手位,主练方进行左推(拨)右攻练习。

（二）左推（拨）右拉技术

1.技术动作图解（见图3-18、图3-19）

图3-18　横拍左拨右拉

图 3-19　直拍左推右拉

第三章 乒乓球结合技术

（1）推挡（拨球）[图3-18（a）、(b) 和图3-19（a）、(b)]：根据来球旋转和长短，决定推挡或拨球的拍形和击球点，回击来球。

（2c）推挡后还原[图3-18（c）和图3-19（c）]：左脚蹬地，向右移动，手上动作开始还原准备下一板击球。

（3）移位准备下一板击球[图3-18（d）、(e) 和图3-19（d）、(e)]：左脚蹬地，根据来球迅速移动位置，在移位过程中快速完成引拍。

（4）挥拍拉球[图3-18(f)~(g) 和图3-19(f)~(g)]：右腿发力，收紧上身，挥拍击球，多向上摩擦球。

（5）还原[图3-18（h）、(i) 和图3-19（h）、(i)]：左脚蹬地，迅速还原，准备下一板击球。

2. 技术动作关键点

（1）反手拨球一定带有目的性，注意落点以及与后一板拉球的衔接。

（2）判断准确，同时在移动步法过程中引拍，步法到位后挥拍击球。

3. 练习方法

（1）二人多球练习：陪练方发多球交替至反手位和正手位，主练方依次练习左推（拨）右拉练习。

（2）二人单球练习：陪练方从发上旋球至对方反手位，主练方回球至对方反手位，之后陪练方反手推球，交替回球至主练方正、反手位，主练方练习左推（拨）右拉练习。

第三节 连续进攻技术

一、反手进攻与正手进攻结合技术

反手（面）拉球后转正手侧身位冲球技术。

1. 技术动作图解（见图3-20、图3-21）

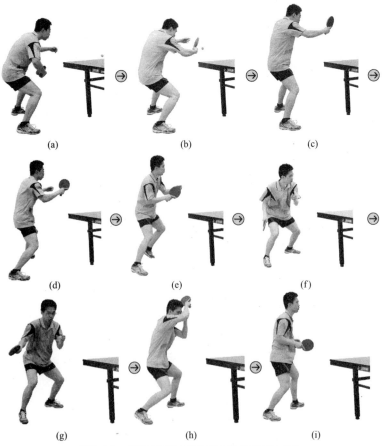

图3-20 横拍反手拉球后转正手侧身位冲球

第三章 乒乓球结合技术

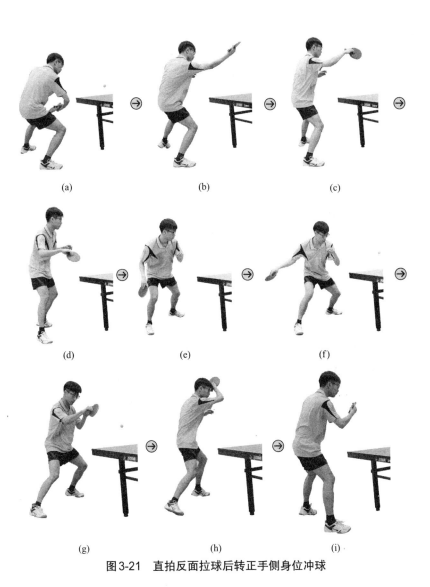

图3-21 直拍反面拉球后转正手侧身位冲球

(1) 反手（面）拉球［图3-20（a）～（c）和图3-21（a）～（c）］：身体重心下沉，引拍；双腿发力，挥拍击球。

(2) 移位准备下一板击球［图3-20（d）～（f）和图3-21（d）～（f）］：右脚迅速蹬地，跳步移动至左侧身位，重心在右腿上，同时完成引拍；注意引拍多向后，少向下。

(3) 挥拍击球［图3-20（g）、（h）和图3-21（g）、（h）］：右脚蹬地发力，收紧上身，挥拍击球，多向前，少向上摩擦球。

(4) 还原［图3-20（i）和图3-21（i）］：左脚蹬地，跳步还原，准备下一板击球。

2.技术动作关键点

（1）反手拉球具备一定速度和旋转，要占据着主动，同时根据落点预测对方回接落点。

（2）正手侧身冲时注意击球点和击球时间，提高进攻效率。

3.练习方法

（1）二人多球练习：陪练方发出台多球至反手位，主练方反手拉球后转侧身拉（冲）练习。

（2）二人单球练习：陪练方发侧下旋球至对方反手位，之后回球至主练方反手位，主练方交替进行反手拉球后转侧身拉（冲）练习。

二、正手连续进攻技术

(一)正手拉球后转侧身拉球

1. 技术动作图解(见图3-22、图3-23)

乒乓球教程

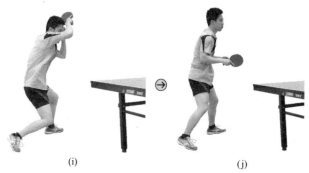

(i)　　　　　　　　　　(j)

图3-22　横拍正手拉球后转侧身拉球

(a)　　　　　　(b)　　　　　　(c)

(d)　　　　　　(e)　　　　　　(f)

第三章 乒乓球结合技术

图3-23 直拍正手拉球后转侧身拉球

（1）正手拉球［图3-22(a)~(c)和图3-23(a)~(c)］：左脚蹬地，身体向右移位，下沉引拍；右腿蹬地发力，进行正手拉球。

（2）移位准备下一板击球［图3-22(d)~(f)和图3-23(d)~(f)］：右脚蹬地跳步移至左侧身位，重心在右腿上，在移位过程中快速完成引拍。

（3）挥拍拉球［图3-22(g)~(i)和图3-23(g)~(i)］：右脚蹬地发力，身体左转，收紧上身，挥拍击球，多向前摩擦球。

（4）还原［图3-22(j)和图3-23(j)］：随挥后左脚蹬地，向右跳步还原，准备下一板击球。

2.技术动作关键点

(1)正手位拉球具备一定速度和力量,并对对方回球有一定预判。

(2)侧身拉,要充分让位,并对击球落点进行调整,提高进攻效率。

3.练习方法

(1)二人多球练习:陪练方交替发多球至主练方正、反手位,主练方正手拉球后转侧身拉球练习。

(2)二人单球练习:陪练方发出台下旋球至对方正手位,之后回球至反手位,主练方练习正手拉后转侧身拉球练习。

(二)正手拉下旋球后转拉上旋球技术

1.技术动作图解(见图3-24、图3-25)

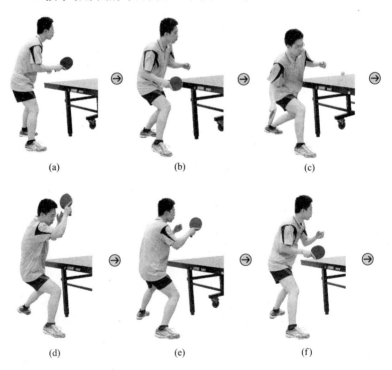

(a)　　　　　　(b)　　　　　　(c)

(d)　　　　　　(e)　　　　　　(f)

第三章　乒乓球结合技术

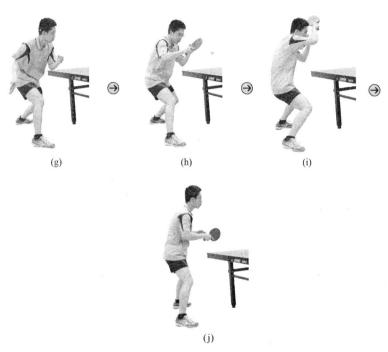

图 3-24　横拍正手拉下旋球后转拉上旋球

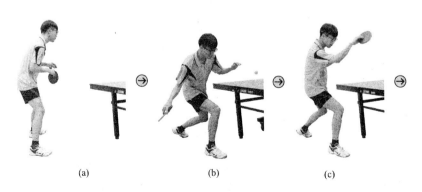

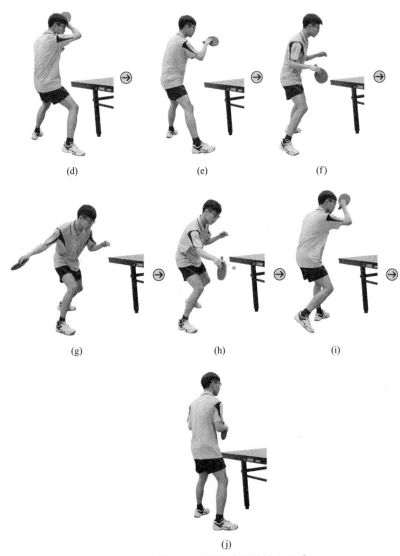

图3-25 直拍正手拉下旋球后转拉上旋球

（1）正手拉下旋球［图3-24（a）~（d）和图3-25（a）~（d）］：在中近台，左脚蹬地，身体向右移位，重心下沉引拍；右腿蹬地发力，进行正手拉球。

（2）移位准备下一板击球［图3-24（e）~（g）和图3-25（e）~（g）］：右脚向后跨步至中台，并根据来球调整相应位置，重心在右腿上，身体略下沉完成引拍。

（3）挥拍拉上旋球［图3-24（h）、（i）和图3-25（h）、（i）］：右脚蹬地发力，收紧上身，挥拍击球，多向前摩擦球。

（4）还原［图3-24（j）和图3-25（j）］：左脚蹬地支撑，还原，准备下一板击球。

2.技术动作关键点

（1）拉下旋球时注意摩擦球的中部，多向下引拍，多向上摩擦，少撞击。引拍时身体下沉较多。

（2）拉上旋时，摩擦球的中上部，多后侧方引拍，多向前摩擦，在摩擦基础上增加撞击成分。引拍时身体下沉较少。

3.练习方法

（1）二人多球练习：陪练方交替发下旋球和上旋球至正手位，主练方练习正手拉下旋后转拉上旋球练习。

（2）二人单球练习：陪练方发下旋出台球至对方正手位，之后回接上旋球至对方正手位，主练方练习正手拉下旋后转拉上旋球练习。

（三）正手拉下旋球后接扣杀技术

1. 技术动作图解（见图3-26、图3-27）

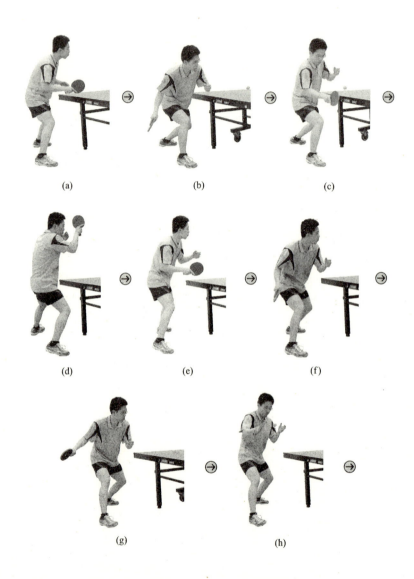

第三章 乒乓球结合技术

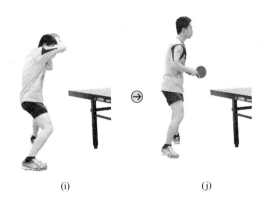

(i) (j)

图 3-26 横拍正手拉下旋球后接扣杀

(a) (b) (c)

(d) (e) (f)

图3-27 直拍正手拉下旋球后接扣杀

（1）正手拉球［图3-26（a）～（d）和图3-27（a）～（d）］：左脚蹬地，身体向右移位，重心下沉引拍；右腿发力，进行正手拉球。

（2）移位准备下一板击球［图3-26（e）～（g）和图3-27（e）～（g）］：左脚支撑还原，右脚向后跨步，根据来球迅速调整位置，身体右转，引拍。

（3）挥拍杀球［图3-26（h）、（i）和图3-27（h）、（i）］：右脚蹬地发力，收紧上身，重心前压，挥拍击球。

（4）还原［图3-26（j）和图3-27（j）］：左脚蹬地支撑，迅速还原，准备迎击下一板来球。

第三章　乒乓球结合技术

2.技术动作关键点

（1）拉下旋球时注意摩擦球的中部或中部略偏上，引拍多向下，动作多向上摩擦，少撞击。

（2）扣杀时引拍位置高，向后引拍，击球中部偏上，动作多向前，以撞击为主。

3.练习方法

（1）二人多球练习：陪练方发出台下旋和上旋球至正手位，主练方练习正手拉球后接扣杀。

（2）二人单球练习：陪练方发下旋球出台球至对方正手位，后继续回球至主练方正手位，主练方练习正手拉球后正手扣杀。

 ## 第四节　削球结合技术

一、正、反手削球结合技术

1.技术动作图解（以正手削球接反手削球为例，见图3-28）

(a)　　　　　　　　　　(b)

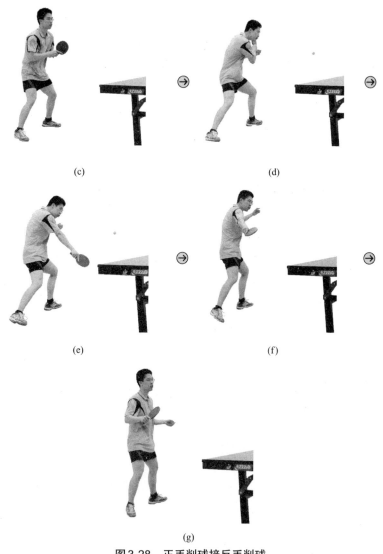

图3-28 正手削球接反手削球

（1）正手削球 [图3-28（a）、(b)]：身体右转，重心偏向右腿，向右后上方引拍后向左前下方挥拍击球，进行正手削球。

（2）还原 [图3-28（c）]：削球后，左脚蹬地支撑，还原准备下一板击球。

（3）移位准备下一板击球 [图3-28（d）]：根据来球迅速移动位置，右脚蹬地，重心左移，反手引拍。

（4）挥拍削球 [图3-28（e）、(f)]：左腿发力，身体向右转，根据球的旋转决定引拍距离、拍形后仰角度和击球时是摩擦还是推送球。

（5）还原 [图3-28（g）]：左脚支撑，还原，准备下一板击球。

2.技术动作关键点

（1）削加转弧圈球时，引拍位置略高，摩擦球的中部略偏侧，动作多向下。

（2）削前冲弧圈球时，引拍位置略低，摩擦球的中部略偏下，动作多向前。

（3）削扣杀球时，引拍位置基本同于削前冲弧圈球，击球中下部，动作向前送。

3.练习方法

（1）二人单球定落点练习：陪练方发定点单一的高吊、前冲或扣杀球，主练方练习定点正、反手削球结合技术。

（2）二人单球不定落点练习：陪练方随机拉高吊、前冲或扣杀球三种技术，主练方练习不定点正、反手削球应变能力。

二、削转搓结合技术

1. 技术动作图解（以反手削球接搓球为例，见图3-29）

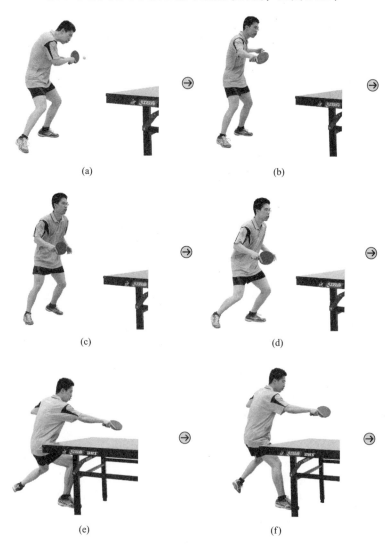

(a)　　　(b)　　　(c)　　　(d)　　　(e)　　　(f)

第三章　乒乓球结合技术

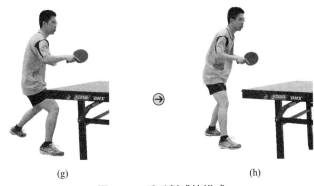

(g)　　　　　　　　　　(h)

图3-29　反手削球接搓球

（1）反手削球[图3-29（a）、（b）]：中远台站位，身体左转，反手引拍；左脚蹬地发力，身体右转，进行反手削球。

（2）还原[图3-29（c）]：削球后，左脚继续蹬地，还原准备下一板击球。

（3）移位挥拍搓球[图3-29（d）~（f）]：根据来球长短，迅速上步移至（中）近台，同时完成引拍动作，到位后进行搓球。

（4）还原[图3-29（g）、（h）]：右脚迅速蹬地后撤，至中（近）台还原，准备下一板击球。

2.技术动作关键点

（1）短球判断要准确，及时移动步法。

（2）注意人往前上时，有一定的前冲力量，注意控制向前搓球的力量。

（3）移动范围大，击球后还原位置在中台附近。

3.练习方法

（1）二人多球练习：陪练方采用多球发定点的长、短结合多球，主练方练习定点削转搓结合技术，之后在逐步过渡到不定点的长、短球，练习削和搓球的应变能力。

（2）二人单球练习：陪练方随机控制长、短球落点，主练方根据来球长短练习削转搓的能力。

三、搓转削结合技术

1. 技术动作图解（以搓球接反手削球为例，见图3-30）

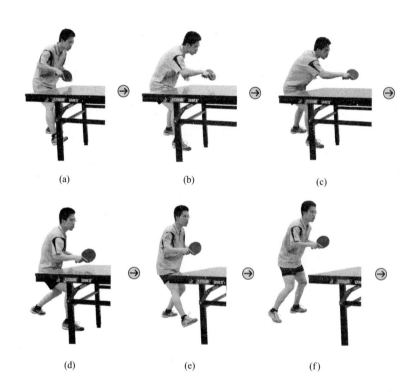

(a)　　　　　　(b)　　　　　　(c)

(d)　　　　　　(e)　　　　　　(f)

第三章　乒乓球结合技术

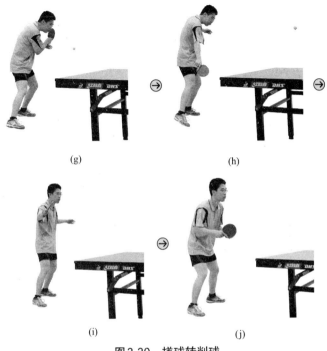

图3-30　搓球转削球

(1) 反手搓球 [图3-30 (a) ～ (c)]：右脚向前跨步，引拍；重心前压，进行反手搓球。

(2) 还原 [图3-30 (d)]：搓球后，右脚蹬地迅速后撤，还原准备下一板击球。

(3) 移位挥拍削球 [图3-30 (e) ～ (h)]：根据来球迅速向后退至 (中) 远台；在移动过程中完成引拍动作，到位后进行削球。

(4) 还原 [图3-30 (i)、(j)]：上步还原至中台附近，准备下一板击球。

2. 技术动作关键点

（1）对方拉球线路和旋转判断要准确，注意步法快速移动到位。
（2）后退时注意保持身体平衡，以保证击球稳定性。
（3）因为移动范围大，击球后迅速还原至中台附近。

3. 练习方法

参见本节第二部分"削转搓结合技术"。

四、削攻结合技术

1. 技术动作图解（以反手削球接正手攻球为例，见图3-31）

(a)　　　　　　　　　(b)

(c)　　　　　　　　　(d)

第三章 乒乓球结合技术

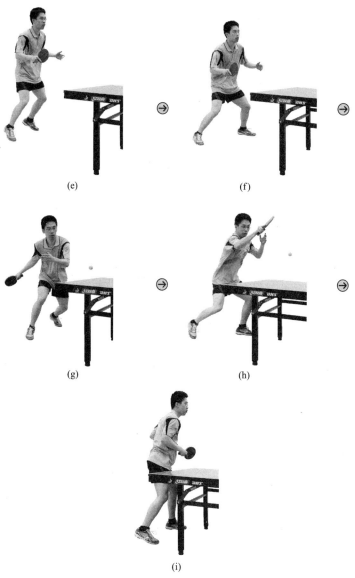

图 3-31 反手削球接正手攻球

乒乓球教程

(1) 反手削球 [图3-31 (a) ~ (c)]：站位中远台，左脚蹬地，身体右转，进行反手削球。

(2) 移位准备下一板击球 [图3-31 (d) ~ (g)]：根据来球迅速上步至中近台，并在移动过程中完成引拍动作。

(3) 挥拍攻球 [图3-31 (h)]：到位后右脚蹬地发力，攻球；同时重心移至左腿。

(4) 随挥还原 [图3-31 (i)]：右脚继续向前跨步，完成随，左脚同时发力支撑，后迅速还原。

2. 技术动作关键点

(1) 对机会球的判断要准确，步法移动及时，找位准确，确保机会球得分。

(2) 反攻时身体要稳定，注意控制击球弧线，保证命中率。

3. 练习方法

(1) 二人多球练习：陪练方采用多球发定点球和机会球（高球），主练方练习定点削球结合攻球的能力，之后逐步过渡到不定点的削球和机会球，提高主练方的应变力。

(2) 二人单球练习：陪练方连续放出台长球，主练方根据来球落点范围和高度选择练习削球或攻球。

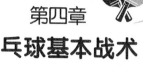

第四章 乒乓球基本战术

第一节 战术和技术的区别与联系

技术是指完成体育动作的方法，是运动员竞技能力水平的重要决定因素。战术则是在比赛中为战胜对手或为表现出理想的竞技水平而采取的计谋和行动，是运动员竞技能力整体水平的重要构成部分。

技术和战术具有以下几层关系：

（1）技术是战术的基础，战术是技术的应用。良好的战术如果没有一定的技术做支撑是无法实现的。只有技术达到一定程度才有资本谈论战术。制定战术应该围绕自己的技术特长，形成比较优势。

（2）技术把握细节成败，战术运筹全局得失。即便是技术非常高超，缺乏战术意识或制定不合理的战术，就会被对手避实就虚，导致无法发挥出技术优势。

（3）战术和技术是动态发展的关系，需要共同进步。技术进化、更新的同时，原有的配套战术就需要相应升级，与之相匹配。相应的，运动员为了完成一个战术，往往也需要补充和改进部分技术，使之运转更加流畅稳定。

总之，技术是战术的基础，战术是技术的运用。二者是都是体育竞技能力的重要组成部分，两者相辅相成，互相依存。

第二节 战术的研究与训练

一、战术研究注意事项

战术研究,归根结底是围绕人的研究,正所谓知己知彼百战不殆。战术研究可以从以下几个方面入手:

(1)针对对手打法数据进行分析,找出对手的打法缺陷,确定自己发球抢攻段,相持对打段,以及接发球段的优势打法。

(2)根据自己和对手打法特点,模拟对战,充分的分析预测战局的发展,准备多套应对方案。

(3)研究自己和对手的性格特点,掌握不同局面下双方可能的心理状态,尽可能保持自己的步调,扰乱对方节奏。

(4)选择时机,利用规则中的合法请求,包括擦汗、示意未准备好接发球、暂停等,主动的控制比赛节奏。有意识的争取时间,调整自己的战术、状态,或者打断对方的势头和战术安排。

大量的战术研究工作,是在比赛之前进行的,正是我们通常讲的"备战"的主要部分。比赛一旦开始,双方就会不断变化打法。场上局势瞬息万变,运动员需要根据战局的发展,及时"选用"相宜的战术,而不是临场"创造"战术。

二、战术训练

战术训练,通常狭义上指"战术行动"方面的训练,比如单个战术(结合技术)的训练,就属此范畴;广义上则是"战术意识"方面的训练。

在以往的实践中,不少人把战术训练仅仅理解为战术行动的训练,只考虑双方攻守间的对策,而忽视了战术意识方面。这相当于落回到了技术训练的层次上。几乎所有教练的训练计划中都有战术训练的内容，但几年过后，原来在比赛场上应变能力差的选手往往还是差。这其中的一个重要因素，就是运动员欠缺战术意识训练的内容。

战术意识的训练，包括三个方面内容：

1. 战术素养

战术素养，是一种知识学习和积累的习惯，也是战术指导思想和战术思维能力的基础。战术素养形成所包含的要素有：

（1）广泛学习有关理论知识，包括乒乓球专业与非乒乓球专业，甚至非体育专业的资料和书籍都是非常必要的（规则、运动心理学、运动生理学、哲学等）。

（2）对他人（特别是常见对手）的技术特征、战术运用以及个人信息情况进行整理，建立球探报告。

（3）大量的比赛录像学习。每次观摩比赛后，应对比赛中运动员运用战术的情况进行数据分析，有条件可以组织研讨会交流学习。

（4）运动员在每次比赛后，趁热打铁，及时回忆双方战术运用情况，养成总结经验的习惯。对于关键球可以进行思维训练，在模拟其它的应对方案。

（5）明确具体战术或技术在比赛中的作用及运用条件。

2. 战术指导思想

正确的指导思想很重要，它不仅是制定具体战术方案的原则，而且还是整个乒乓球技术、战术训练的"纲"。运动员明确的战术指导思想是自己信心的来源。特别是在比赛逆境中，对稳定自己的心理状态，保持清晰头脑做出决断，起着关键作用。

每个人从学习乒乓球开始，初期的技术和战术风格往往是对高水平运动员的模仿，到最终形成属于自己的球路是一个很漫长的过程。但是别人用得好的技战术，不一定适合自己。个人战术特点应该立足于自身的基础优势，进而有针对性地补足短板，形成体系。而不是胡乱效仿高手，没有章法地练习不适于自己的技战术。

无论如何，正确的指导思想是建立在客观事实基础之上的，需要运动员对自己有深入的了解，对当今乒乓球技战术的走向有一定的认识。战术指导思想也不是一成不变的。在个人技术发展和更新的同时,战术指导思想也需要相应调整。

3.战术思维能力

这是一种心理活动在战术上的反映。战术思维能力的高低,主要取决于运动员运用已掌握的战术理论知识、比赛经验、对比赛形势的理解和分类的水平。

战术思维,具有直观性和形象性的特点。即运动员在比赛中所采用的战术是同直接的知觉发生联系,而不是同抽象的概念发生联系。战术思维还具有敏捷性的特点,即决定战术策略与完成战术行为在比赛中是有严格时间限制的。

战术思维能力会受到情绪因素的干扰。心理状态调整,也是战术中一个不可忽视的重要组成部分。日常训练中,并不容易得到比赛中"临场感"所带来心理问题。因此运动员在赛场上,应该注意在心理状态波动时对战术选择的影响,赛中有意识进行心理调整,赛后及时记录总结。

第三节　常用战术行动

一、发球抢攻战术

(一)发球抢攻指导思想

发球抢攻是我国乒乓球运动员的重要战术之一。近年来,世界各种类型打法的运动员都越来越重视这一战术,并使之有了很大发展。运用发球抢攻时,应注意以下几点:

1.注意发球与抢攻的配合

发球应与自己的技术特点紧密结合。擅长侧身抢攻的选手,可以侧身发高、低抛左侧旋球为主;擅长反手攻球的选手,可以反手发右侧旋球为主。发球时,应明确对方可能的接发球技术、接到什么位置、自己怎样抢攻等。

2. 注意发球抢攻与其他战术的配合

现在接发球水平越来越高,有时接过来的球很难抢攻,甚至对方直接接发球抢攻。此时,可先轻打一板,争取下板球再发力;亦可先控制一板,创造下一板抢攻机会。实战中,往往还需考虑到对方第四板球抢拉,反攻回来,如何攻守兼备的问题。不能一心只想发球后就抢攻,一旦无机会时强行出击,反而会变得被动。

3. 注意提高发球的质量

将速度、旋转和落点的变化结合起来。同时,应特别强调发球花样的创新,为抢攻制造更多的机会。当前,应特别注意克服发球种类单一、发球落点只短无长的现象。

4. 抢攻应大胆果断

不论对方用搓或拉等技术接发球,自己应都能抢攻。近年来,新规则实施后,接发球方用挑、拉、拧技术接发球的可能性明显增加,所以抢攻上旋球的意识和能力就显得尤为重要。抢攻技术好,可以增加发球的威力。因为对方接发球顾虑多,就容易出机会。

5. 发球抢攻多样化

每个运动员应有两套特别突出的发球抢攻,多而不精或只有一招都不好。

(二)发球抢攻战术种类

发球抢攻战术多种多样,具体的发球抢攻战术,主要有以下几套。

1. 正手发转与不转球后抢攻

一般以发至对方中路或右方短球为主,配合左方长球。开始先发短下旋球为好,以控制对方不能抢攻或抢拉,然后再发不转球抢攻。在了解对方的情况下,自己又准备拼抢者,亦可先发不转球。不转球一般也先发短的,或发至对方攻势较弱的一面;如果对方吃发球,还可适当发些长的到其正手。若能发到似出台又未出台的落点,则效果更好。发短球后,一般对方回短球的可能性也大,抢攻可采用挑打或拧等台内抢攻技术。如实在难于抢攻,可先劈切两大角,争取下板球抢攻或抢拉(冲)。这样,既可避免盲目抢攻,还可打乱对方接发球后就准备防守的战术。

2. 侧身用正手发左侧上、下旋球后抢攻

侧身用正手发左侧上、下旋球的落点控制至对方中左短、左大角、中左长、中右(向侧拐弯飞行正好至对方怀中)和右方短球。一般多在侧身位发至对方右方近网,对方如轻拉至反手,可用推挡狠压(也可用侧身攻)一板直线,或直接得分,或为下板球的连续进攻制造机会;若对方回球至正手位,可用正手攻直线至对方反手。

3. 反手发右侧上、下旋球后抢攻

此战术适合于正、反手皆有进攻能力的选手使用。一般多发至对方中右近网和左方或中路似出台不出台的球,配合两大角长球。在具体运用时,有人惯于将发中右近网与左方或中路球交错使用;有人以一落点为主,另一落点只起干扰作用(如有人以发中右近网为主,偶尔发至对方反手大角);还有人开局先发非特长落点,到关键时刻才发其特长落点。反手发右侧上、下旋球,应强调出手动作要快。对方接发球的一般规律是:你发短球,我接球也短。发球抢攻者应有这方面的意识。

4. 反手发急长球后抢推、抢攻

急长球是指由直线、斜线或中路发出至底线,具有角度大、速度快等特点的长球。此战术在运用时,可分为下面两种情况:

(1)反手发急上旋长球至对方反手后,侧身抢攻。要求急长球必须发得快、力量大、线路长。最好能有一个直线急长球配合。

(2)擅长反手推挡的选手,或遇到对方反手推攻较差的选手,可发急下旋长球后用推挡紧压对方反手再伺机侧身攻的战术。为增强上述战术的效果,可与发右方小球配合运用,以长短互相牵制,相得益彰。

5. 反手发高抛右侧上、下旋球后抢攻

一般以发至对方正手位或中右近网为主,配合发两大角长球,伺机抢攻。

6. 正手发急长球后抢攻

单纯发急长球后抢攻，往往易被对方适应。所以，它多与其他发球配合运用。如侧身发球至对方反手或中路后，配合一个直线急长球。

二、接发球战术

（一）接发球战术指导思想

随着国际乒联对比赛规则的不断修改：实行无遮挡发球，缩短比赛的赛程，从21分制改为11分赛制，两分一轮换发球，球从38毫米增加到40毫米再到40+，材质也由赛璐珞改成塑料材质等，这一系列变化打破了原有的比赛规律和训练规律，既加快了比赛的节奏，又使比赛的偶然性加大，这些都使接发球在意识和手段上发生了很大的变化。

1. 接发球不再被动防守，而是主动得分的机会

在有遮挡发球的条件下，接发球一方由于看不清对方发球的旋转变化而经常在比赛中直接"吃"发球，或者出机会球被对方抢攻。接发球是处于被动防守的状态。而在无遮挡发球的情况下，接发球一方完全能够看清对方发球的旋转，能够主动采取进攻性手段接发球，加大了得分的可能性，增加了发球方发球抢攻的难度。同时接发球的主动得分主要靠台内挑打、拧拉和抢冲半出台球来实现，所以接发球技术更多地向进攻型接发球技术方向发展。运动员也要有意识地提高自身接发球直接抢冲、拉的能力。

2. 接发球技术"一体化"

接发球技术"一体化"在接发球意识和手段上是一个全新的概念，强调接发球第一板接球后必须和下一板的衔接成为一体。在接发球技术的训练中不再是单个技术的训练，而是组合技术的训练。传统在接发球技术环节主要是以摆短、劈长、轻挑为主要手段，强调控制与反控制，以及短球中的争抢。但是在无遮挡发球条件下，要逐步增加第2板的威胁，同时加强第2板和第4板的衔接训练，逐

步达到一体化，使之成为一个体系，提高接球轮的主动性。

3. 接发球摆小三角短球的意识

对于习惯用侧身的运动员来讲，接发球回球至正手位和反手位小三角时，这两个落点正好把对方"撑"开，增加了对方回球难度，给我们下一板的进攻创造了更好的机会。

4. 接正右方短球的意识

随着前三板技术的争抢日益激烈，发对方正右方短球进行抢攻也成为常用战术，因此在技术训练中要有意识地强化接正手位短球与第4板的衔接。

5. 抢冲半出台球的意识

这在接发球意识中是非常重要的一环，半出台球抢冲在比赛中已被越来越多的中外运动员所接受。对于半出台球的处理，抢拉和抢冲是有很大区别的。抢拉是抢先拉起来进入相持，而抢冲是接发球时直接发力，争取一板把对方冲死，更具有进攻性和威胁性。

6. 增强反面台内短球"拧"的意识

"拧"球，参见第二章第七节"反手（面）侧拉台内球"技术，主要是靠手腕的力量从侧面摩擦球，使球带有一些侧旋或侧下旋，并加快回球的速度，大大增加了对方抢攻的难度。所以，从台内轻挑到台内"拧"球，是台内接发球技术意识上一个很大的转变。这个转变有很大的意义，它能使反手台内相对薄弱的环节逐步转化为强项，在台内进攻方面不吃亏，能直接在接发球方面占据主动。

（二）接发球基本规律

接发球最主要的一点就是必须自己判断对方发球落点、旋转变化以及发球特点。这个过程相对比较复杂，需要较长时间的摸索和体会才能掌握。但是接发球判断也有一定的规律，需要运动员在平常训练和比赛中逐步去观察、体会和应用，找到最适合自己的方法。具体如下：

1. 从对方发球的落点上进行判断

一般来讲，发球的第一落点离网近基本上是短球，第一落点离球台的端线近基本上是长球。

2. 从对方发球旋转上进行判断

判断对方发球旋转程度可以从以下几方面进行：

（1）从对方发球时球拍接触球的瞬间用力来进行判断。一般来说，球在板上停留的时间长是转球，停留的时间短是不转球；接触球的侧面往侧下方用力是侧下旋球，往侧上方用力是侧上旋球。

（2）从对方发球过网的弧线来进行判断。一般情况下，贴着球网过来的球基本上是下旋球，球过网时弧线比较高基本上是上旋球。

（3）从球在空中运行的速度来进行判断。通常情况下，在空中运行速度慢的球基本上是下旋球，在空中运行速度快的球基本上是上旋球。

3. 从对方发球习惯动作上进行判断

通常而言，每个运动员发球时都会有一些习惯动作，就是他对某一种发球的用力和旋转吃得很透，擅长发某一种发球。因此，他在发球时有些特定的手法，我们可以通过看录像找出一些规律。现在绝大多数运动员在发球时，都把发球的动作做得很隐蔽，增加一些假动作，使对方不能看清他发球的旋转，从而达到发球抢攻的目的。因此，在遇到这种情况的时候，首先找出他发得最好的那种旋转球时的动作，盯住一种旋转。不管他的假动作再多，盯住他发球时接触球瞬间的动作，只要他发球的动作和他最好发球的动作有了变化，就说明发球的旋转有了变化。一般来讲，一个运动员对发某一种旋转的球最为擅长，其他的发球都是在这个基础上进行变化。这是运动员发球的基本规律，我们可以通过这种基本规律来对发球的旋转变化进行判断。

（三）接发球战术种类

接发球技术很多，包括正、反手的搓、摆、挑、抢冲、抢拉半出台球，以及近年来的创新技术台内短球的"拧"、台内拉冲、反面抢拉半出台球等，组合这些技术，接发球战术也能达到多种多样，具体的接发球战术，主要有以下几套：

1. 接发球直接抢攻或抢冲

这是最积极主动的接发球方法。如遇对方发小球,可用快挑打或拧拉;遇对方发长球或半出台球,可抢攻或抢冲。值得注意的是运用此战术,一定要反应快,判断清对方发球的旋转和落点,步法移动迅速,以保证在合适的击球点位置和时间击球。

2. 第2板和第4板球连为一体

11分制的接发球,应想得更细,应把接发球第2板与第4板连为一体。具体方法有:

(1)接发球(即第2板球)先挑或轻拉一板,第4板球再发力抢攻;

(2)先控制一板至对方抢攻薄弱处,争取第4板球自己抢攻;

(3)先控制一板,待对方拉弧圈过来再反冲(或反带、反撕)过去。

记住第4板一旦上手,就应树立连续进攻意识。

3. 以摆短为主

结合劈两大角长球,争取下一板主动先上手或抢攻。此法主要用来接对方发的强烈下旋或侧下旋短球,以及突然发至自己不擅长进攻位置的下旋长球。对方发侧上或不转球时,不宜用搓回接,以免接过高球被对方抢攻。

4. 稳健控制法

一般为攻对削、削对攻或削对削时采用。拉、推、拱、搓、削等技术的运用都应视对方发球而定。运用这些技术虽较稳健,但需加强变化和落点、弧线的控制,避免被对方抢攻。

5. 正手侧身接发球

侧身接发球,不仅有利于发挥正手攻球的优势,而且还能在很大程度上避免对方的发球抢攻。因为人们有一种习惯,一看对方侧身,就会下意识地防御,只想招架,无心进攻。具体运用方法有以下几种:

(1)晃接:击球瞬间利用身体的晃动,将球半推半搓至对方反

第四章 乒乓球基本战术

手,略带侧旋。因其比搓快、比挑稳,对方往往来不及抢攻(冲)。接球落点,最好是对方反手的小三角及半出台的大角度。

(2)撇或劈长一板,迫使对方拉高吊,自己反拉或攻打。

(3)快摆短球。过去习惯于反手快摆,现在侧身正手摆短,对方不适应,故很难抢攻。摆短弧线要低,拍形稍竖,身体前迎,手臂向下用力,不要前送。

(4)快点、快拉长球。强调在上升前期击球(过去是上升后期或高点期),因其速度快,故正手空当较小。

三、对攻战术

对攻战术是进攻类打法在相持或相互对抗时,双方利用速度、旋转、力量和落点等变化来抑制对方,争取主动的重要手段,具体有以下几套。

1.压对方反手,伺机正手攻或侧身攻

(1)适用范围:一般用于对付反手较弱或进攻能力不强的对手。

(2)注意事项

① 压住对方反手时,可用推挡、反手攻或弧圈球。

② 压住对方反手准备侧身前,应主动制造机会,或突然加力一板,或攻压一板中路,或攻压一板大角度,尽量避免盲目侧身。

2.压左调右(亦称压反手变正手)

(1)适用范围:

① 自己反手不如对方时,主动变线避实就虚。

② 对方侧身攻的意识极强,以牵制对方侧身攻。

③ 对方正、反手交换摆速慢。

④ 正手位攻击力不够强的选手。

⑤ 自身正手实力强。

(2)注意事项:

① 变线的这板球应有质量,如推挡变线应凶一点,这样对方跑过去难于发力,自己侧身抢攻就容易。

② 避免习惯性变线，被对方适应，反遭被动。

③ 切忌被动变线，否则易给对方提供抢攻的机会。

3. 压左等右（紧压对方反手，等着对方变线，自己用正手抢攻）

（1）适用范围：多在对方采用压左调右的战术时使用。

（2）注意事项：压对方反手要凶些，否则对方变线较狠，自己往往被动。上述三种战术经常结合运用。如：对方反手较弱或准备不足时，先用压对方反手的战术；但对方注意了反手，或增多了侧身攻后，就应改用变对方正手的战术；而当自己在反手位得利后（包括侧身攻），对方往往会频频变线到自己正手，此时自己又应采用压左等右的战术。

4. 调右压左

（1）适用范围：

① 对方左半台进攻能力较强，压对方反手位不占便宜时，可采用先打对方正手，将其调到正手位并被迫离台后，再打其反手位。

② 对付正手位进攻能力不很强，或反手位只能近台、不善离台的直拍快攻选手。

（2）注意事项：

① 调整手位的这板球要凶，否则易遭对方攻击。

② 调整手要有胆量和实力。许多人的正手弱点，需要有几个来回后才能暴露，不是一板球就能见效的。

5. 压中路配合压两角

（1）适用范围：对付不擅长侧身的两面攻或两面拉选手最为有效。

（2）注意事项：

① 压中路，最好能加减力相结合。一般应先用加力推（攻）将对方压下去，再用减力挡引对手上前，然后伺机扣杀。

② 若对方正、反手技术实力差别较大时，还可将压中路与压其技术较弱的一面相结合。

③ 如果对方虽为两面攻（拉）选手，但遇中路来球习惯于侧身攻者，最好将压中路与调整手结合运用。

6.正手全台抢攻

充分发挥正手攻球优势，能侧身攻即侧身攻，力争正手全台跑动抢攻，此为拼杀时的常用战术。

四、拉攻战术

拉攻，是进攻型打法对付削球打法的主要战术。即用拉弧圈球找机会，然后伺机突击（包括扣杀和抢冲）。两名进攻型选手相遇，应力争抢攻在先，力争抢先发力。理由很简单：你不打他，他就会打你。而对付削球则大可不必如此，削球打法尽管有时也会抢攻，但从战略上讲，它最基本的打法是防守。所以，进攻型打法的选手对付削球打法的选手时，正确的战术指导思想是：能突击时就突击；能扣杀时即扣杀；不能突击或扣杀时则应找机会后再突击，切忌急躁。现在无论国内还是国外，削球选手都很少，以致许多攻球选手都用对付攻球手的办法在对付削球，这是不明智的。有人将对付削球打法比喻为吃热豆腐："吹两下，吃一口"，意思即拉一拉，再伺机杀。而一味扣杀，就像夹起热豆腐即吞下一样，会烫坏自己的。拉攻战术具体有以下几类。

1.拉一角，杀另一角或中路，或运用自己的特长线路

通常情况，削球选手使用的是两面不同性能的球拍，一般以拉主动变化旋转能力不强的长胶或防弧的一面为主，或者拉对方削球技术较弱（不稳或旋转变化不大）或反攻不强的一角，扣杀另一角，一般这样既容易寻找扣杀的机会，又可以减少或避免对方的反击。

中路可说是所有削球手的弱点，扣杀中路很容易得分。但是扣杀比拉球的技术难度大，因此在关键比分或攻球选手心情比较紧张时，运用自己的特长线路成功率更高。

2.拉中路杀两角或拉两角杀中路

中路球因受身体妨碍不好削接，更难于制造旋转变化，故拉中路容易为突击制造机会。特别是对付站位近、逼角凶的削球选手，效果更好。杀两大角，迫使对方疲于奔命，而技术难又比杀中路或

直线球要小。

对付正、反手两面削球技术差不多但步法不是太好的选手,拉两角效果佳,迫使其在跑动中暴露缺点,给攻球手以扣杀机会。一记中路追身扣杀,往往能直接得分。

3. 拉斜杀直或拉直杀斜

一般来说,拉斜线杀直线比拉直线杀斜线战术运用得多。因为拉斜线,比较保险和稳健,杀直线,突然性强且速度快。拉直线杀斜线仅从线路讲,技术难度要大一些。比赛中,具体采用哪种战术,还需依对方和个人的情况而定。在关键时刻,若攻球者紧张,为保险起见,可改拉斜杀直为拉斜线杀中路或自己的特长线路。

4. 变化拉球旋转、伺机扣杀

利用拉球旋转的变化增加削球的难度。弧圈球选手可拉真(强烈上旋)、假(类似拉加转弧圈球的动作,拉出不转的球)弧圈球,高吊、前冲及侧旋弧圈球,后者通过变化拉球弧线,比如配合拉弧线稍高、落台后向前跳的上旋球和弧线稍低、落台后向下钻的上旋球,为突击制造机会。

5. 拉长球配合拉短球,伺机突击

在具体运用中,可有两种方法:

(1)先拉长弧圈球至近对方端线处,使对方后退削球,再突然拉一板中路偏右的短球(球一次弹跳后将将出台),使对方难以控制而削出高球,突击得分。

(2)先拉将将出台的轻球,再发力拉接近端线的长球,使对方因来不及后退而削出高球或失误。若能拉出将将出台的强烈上旋弧圈球,再配合前冲的长球,则效果更好。

6. 拉搓、拉吊结合,伺机突击

此战术的意图是使削球选手在前后移动中出现错误,为攻球选手制造突击的机会。但在实际比赛时,一定不要搓、吊过多,否则自己越搓(吊)越软,对方还会利用此机会反攻。为防对方反攻,搓和吊球的弧线一定要低并讲究落点;一旦对方反攻后,应坚决回

击好第一板，使其难于连续进攻。

7. 拉、搓、拱结合，伺机突击

此战术多为一面使用长胶、另一面使用反胶球拍的运动员在对付削球打法时运用。一般先用弧圈球诱导对方退台去削，然后用搓球再将其引上台来，对搓中再突然用拱球找机会，伺机发力突击。

8. 稳拉为主、伺机突击

这是攻削结合打法运动员在对付削球时的一种战术。往往一拉就是十来板，然后再伺机发力攻。遇反攻能力较强的削球选手时应慎用。

五、搓攻战术

搓攻战术是进攻型打法的辅助战术之一，这一战术在业余比赛中被普遍采用。主要运用"转、低、快、变"的搓球控制对方，以寻找机会展开攻势，进入连续进攻。在搓球中遇到机会球时进行扣杀，常常带有突然性，往往可以直接得分。搓攻战术是乒乓球各种打法都不可缺少的辅助战术。但对于专业选手而言，随着弧圈球技术的飞速发展，搓攻战术变得越来越简单，你多搓一板，对方就会抢攻在先。所以，搓攻的正确战术指导思想应是尽量少搓，力争抢攻（包括抢拉或抢冲）取得先机。常用更多搓攻战术有以下几种。

1. 慢搓与快搓相结合

搓对方进攻的薄弱环节，自己抢先摆短、劈切大角度、控制对方反手等，总之是搓至对方进攻的薄弱环节，限制对方的进攻，之后自己争取抢攻。

2. 搓球变线

主要用来对付反手不擅长进攻的选手。先搓反手大角，逼住对方反手大角，视其准备侧身攻或将注意力都放到了反手后，就变线至其正手，伺机抢攻。

3. 搓转与不转后抢攻

搓强烈下旋球后配合假动作搓不转球，给对方的抢攻制造困难，自己伺机起板。这里应特别指出，对高水平的选手来说，单纯的旋转难以控制住对方进攻（包括抢拉、抢冲和抢攻），所以旋转变化必须结合落点控制。

4.搓中突击

直拍正胶快攻选手，在遇到旋转不特别强烈或位置比较合适的搓球时，应大胆运用搓中突击技术，由此而转入连续进攻。

5.搓中变推抢攻

搓中寻找机会先拉一板弧圈，迫使对方打快攻或遇对方搓过来的不转球（包括长胶、防弧圈球拍搓过来的球），直拍进攻型选手可用推挡应对，由搓变推，转为快攻。

六、削中反攻战术

这种战术主要靠稳健的削球，限制对方的进攻能力，为自己的反攻创造有利条件。由削球和攻球结合而成，常以逼角加转削球为主，伺机反攻。或以转、低、稳、变的削球，迫使对手在移动中拉攻，以从中寻找机会，予以反攻。这种战术有"逼、变、凶、攻"的特点，是攻、削结合打法的主要技术。常用的削中反攻战术主要有以下几种。

1.削转与不转球，伺机反攻

削球选手用尽量相似的动作削出强烈下旋和近似不转的球，迫使进攻型选手直接失误或为削球者提供反攻机会。实战中，一般是先削加转球为主，以限制对方抢冲，然后再配合不转球。为增加旋转变化的战术效果，削球选手还常配以落点化，具体方法有：

（1）对付侧身移步速度较慢的攻球选手，宜削加转球至对方反手位，削不转球到正手位，伺机反攻。

（2）先削加转球至对方正手位，再削不转球至反手位，迫使其来不及侧身抢拉，搓出高球后反攻。一旦攻球选手有所适应后，削其反手位的一板可转与不转交替进行，借以迷惑对手，促其判断错误，为削球者提供得分或反攻机会。

(3) 不转球,一定要削得低。在关键比分、攻球选手特别紧张时,削不转球至其正手底线,效果尤佳。

(4) 使用两面不同性能球拍的选手,应特别注意不要千篇一律,设想如果人人使用的都是反手长胶、正手反胶,这个"怪"也就不怪了,正所谓"见怪不怪,其怪必败"。

2.逼两角,伺机反攻

对付脚步移动不是很好的对手,应不断变化削球落点,以增加攻球者的困难。具体运用时,可先逼对方右角,再逼左角;亦可先逼对方左角,再变右角;还可逢斜变直、逢直变斜。对付正手位攻球有明显缺陷者,可连续逼其正手,直至把对方削得心虚手软,攻拉频频失误,或为削球者屡屡提供反攻机会。在接对方突击球时,为了不让对方站定打,最好能采用逢直变斜、逢斜变直的打法。为增加逼角效果,最好能和旋转变化相结合。

3.削长、短球,伺机反攻

如果实战中发现对方在有意运用长短球战术时,应以削底线不转球为主,配合加转球。因为长球很难放小球,再遇到不转球,硬放小球势必偏高,正好为削球选手提供了反攻的机会。若对方在有意变化拉球弧线的长短时,应主动变化削球旋转和落点,使对方忙于应付,再无暇变化拉球的弧线。另外,削球选手在遇到短弧线的拉球时,切勿急于发力加转,以削至对方攻势较弱的一面为好。此时,如果削球手能有一板反拉技术最好。遇到攻球选手放的小球或拉球弧线偏高时,应果断反攻。如果对方放的小球又低又短、很难反攻时,可摆短;或利用身体重心下砍对方空当或攻势较弱的一角,避免对方突击,争取自己下板球反攻。

4.削、攻、挡结合,伺机强攻

此战术可分为主动运用与被动运用两种。

(1) 主动运用:削中看准对方拉球线路,迅速上步挡一板到对方空当,然后伺机抢攻。这里的判断及果断很重要。千万不过早,使对方发现了自己要挡一板的意图。

乒乓球教程

（2）被动运用：接发球、救小球后，来不及后退，对方突然起板攻击，仓促中一板挡球常可化险为夷。这里的关键是果断。挡球，若能至对方空当则效果最好。

（3）拱、挡、削结合。此战术多为使用长胶球拍的直拍选手采用。在近台，用反手拱斜、直线后，伺机用正、反手抢攻；当对方轻拉时，可轻挡对方两大角（一般多挡至对方反手），对方被迫改搓或轻轻将球托起后，迅速反攻；若对方发力拉时，一般以削球回接，伺机变挡或攻。这种打法在回球的旋转、落点、力量、节奏上皆有变化，往往使对方心里很不踏实。

第五章
双打

 ## 第一节　双打的特点及配对

一、双打的特点

1.双打是两人协同作战

双打是俩人协同作战，在思想上，俩人要团结、同心协力、互相信任、严于律己、宽以待人、互相鼓励和互相谅解；在技术、战术上要配合默契，协调一致，扬长补短，充分发挥俩人的技术特长，为对方创造机会，少给同伴制造麻烦或想办法掩护同伴的缺点，少给对方可乘之机。

2.跑动中击球

双打是4名运动员交替击球，因此相比于单打而言，其跑动范围更大，位置不容易固定，比赛中始终在前、后、左、右不断移动，因此要求其具备灵活的步法和在跑动中回击来球能力。

3.发球受发球区的限制

规则规定双打发球只能从本区的右半台发球发至对方的右半台，因此接发球员就可集中注意力在右半台等待来球，利于接发球直接抢攻。这增大了发球难度，对发球质量提出了更高的要求。

二、双打的配对

双打的配对，除了考虑俩人的思想基础外，在技术特点方面还需要考虑充分发挥出俩人的技术特长、合理使用战术和灵活交换位置,以缩小跑动范围,避免互相冲撞。根据以往经验,主要有以下几种有利配对。

1. 左、右持拍手的配对

此种配对,站位上保持在球台两侧,左手则偏球台右侧,右手偏球台左侧,有利于发挥俩人正手的威力。移位时还可缩小移位距离,避免互相干扰。

2. 两面攻和左推右攻选手配对

推攻选手站位稍靠前,两面攻选手稍微靠后。比赛中,推攻选手在近台发挥其速度优势,控制回球落点,给同伴两面进攻创造机会。

3. 两面攻和两面拉选手配对

两面攻和两面拉选手站位也尽量保持一前一后。这样二人都能发挥出各自进攻优势。

4. 两个削球手配对

最佳配对是一个擅长近削逼迫角度,另一个擅长削转与不转。但是要求二者都具备一定的进攻能力,这样在出现机会球时能够及时反攻得分。

5. 弧圈选手和快攻选手配对

快攻选手站位近台,弧圈选手站位靠后,快攻选手在近台充分发挥出速度优势发动进攻,弧圈球选手在中远台拉强烈上旋球,为同伴创造进攻机会。俩人一快一慢、一前一后,移动范围加大,不容易发生碰撞,而且有强烈的秩序感,容易占据心理上的优势。

6. 以攻为主和以削为主选手配对

攻球手站位近台,削球手站位于中远台。削球手多采用转与不转,为攻球手创造机会。

第五章 双打

第二节 双打的站位和走位

一、双打的站位

双打的站位与其让位、移动和击球有密切的关系。站位合理则让位方便，移动迅速，有利于发挥出两人的优势，否则容易在移动中发生冲撞，妨碍对方击球，影响击球效果。现在常用站位分成两种：

1. 平行站位

（1）多为一左一右执拍的进攻型选手采用。

（2）两位均为进攻型打法，发球员站位偏右，让出3/4台给同伴。

（3）两为均为进攻型打法，接发球员用反手接发球。

2. 前后站位

（1）削攻型打法配对时，攻球手站前面，削球手站后面。

（2）两位均为进攻型打法，根据打法和特点，一名站位靠前，另一名站位靠后。

二、双打的走位

1. 走位的基本要求

双打是两名运动员依次击球，来球落点无规律，因此步法移动不仅距离大，而且无规律，导致走位也是无规律的。根据实战，双打走位时尽量做到：

① 不影响同伴的视线和判断来球。

② 不妨碍同伴抢占有利击球位置和还击来球。

③ 有利于本身进行下一次还击。

2. 基本走位方法

（1）"八"字移动（图5-1）：左手和右手进攻型选手配对多采用此法走位。击球后，各自向自己反手一侧移动。

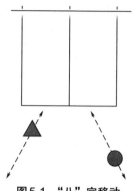

图5-1 "八"字移动

（2）"T"形移动（图5-2）：一攻一削或近削球和远削配对多采用此法。站位靠前者多向左右移动，而站位靠后者则多做前后移动。

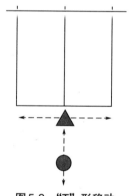

图5-2 "T"形移动

（3）环形移动（图5-3）：两个右手握拍进攻型选手配对多采用此法。站位靠前者向左后方移动，而站位靠后者向右前方移动，两人成逆时针换位。

（4）横8字移动（图5-4）：对方有意识的打本方一名运动员或交叉打两角时，其移动路线就呈横8字移动，后排队员可迅速替换到前面相同位置。

第五章 双打

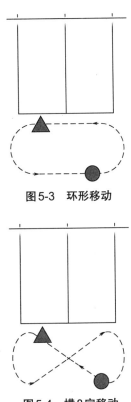

图5-3 环形移动

图5-4 横8字移动

总体上,双打比赛是始终都在移动,因此经常会出现一些意想不到的"应急"动作,这需要两名选手具有很好的反应、灵敏和柔韧性,才能化险为夷。这些"应急"动作需要通过长时间的训练和比赛才能得到锻炼和提高。

 第三节 双打的战术及其训练

双打的战术水平是建立在单打技术和战术基础之上的,一般而言,单打技术水平高,双打技术水平也会相应提高,但这不是绝对的。因为双打是按次序击球,球在速度、旋转、力量、落点和节奏上都比单打大,而且变化多。另外,相比于单打,双打的战术应用对比赛胜负往往起着更为重要的作用。双打在制定战术中,务必根据双打运动员本身的特点确定有利于自己的发球和接发球次序,以占得先机。

一、双打的战术

1. 选择有利的接球次序

(1)若中签则优先选择接发球,以选择有利的发、接球次序。

① 混合双打:选择男打女的次序。因为女选手通常易吃男选手发球,且易被男选手攻死。如果女选手使用不同性能球拍时,亦可选择女打女的次序。因为女选手容易吃发球,而男选手则多会选择抢攻。

② 男双或女双:选择以强打强的次序。因为弱者的攻击力和控制对方的能力不如强者,因此通过本方强手抑制住对方强手的攻击力或从中找机会攻击对方强者。

③ 如果相对熟悉,则选择接对方比较适应的一名选手的球,打另一名选手的次序。

(2)若我方被确定为先发球时:选择发球技术好的选手为第一发球员,以争取开局主动。

2. 发球及抢攻战术

(1)发球:双打发球仅限于右半台,因此对发球的精确性提出了更高的要求。发球以两跳不出台短球配合接近中线的急长球效果较好。同时发球还需要弧线低和出手快,限制对方发球抢攻,为同伴抢攻创造机会。

(2)发球后抢攻:发球限制在右半区,对接发球方有利,因此发球前需要做好两手准备,一是对方抢攻,本方如何应对;二是如果对方并未抢攻,本方如何应对。

(3)发球要考虑同伴的擅长点:因为发球后,第3板是由本方同伴完成的,因此发球时要考虑同伴擅长抢攻的线路,而非自己单一擅长线路。

3.接发球抢攻战术

相比于单打,双打的接发球有更多机会。因此,遇到能抢攻的球则尽量抢攻或抢冲。如果对方接球员站位偏向后台且擅长反拉上旋球,也可以采用摆短回接。在回球落点方面,尽量让对方跑起来,交换方位去回接来球,比如摆短回接到对方右方近网短球或抢攻正手位大角度等。

4.相持战术

(1)相持对攻中,明确主攻手和副攻手:主攻手发动进攻争取得分或为副攻手创造机会得分。

(2)控制强者,攻击弱者:面对强者时,可更凶狠,而且尽量减少其主动进攻机会,把弱者作为突破口,争取得分或占据主动。

(3)攻斜线,袭空当:打两条斜线,调动对方角度大,趁机突袭空荡得分。

(4)紧压一角,袭空当:连续攻击对方一角,迫使两人挤在一起,趁机攻打空荡或中路得分。

(5)追打运动员身体:顶住一名运动员,对准运动身体方向打,迫使俩人让位不及冲撞在一起,影响回击效果。

(6)对攻中,有意识变化回球的速度、旋转、弧线和落点,打乱对方节奏,为扣杀创造机会。

二、双打的训练

双打技术离不开单打技术的支持,因此在训练中切勿忽视各单项技术的训练。同时由于双打跑位的复杂性,应争取在前四板解决战斗。另外,双打对发球区的限制,发球难度加大,但是接发球难度相应降低,就需要加强发球质量和接发球直接抢攻的训练。步法的移动比单打要求更为灵活,而且多是在移动中击球,因此步法的训练也是训练的重点之一。具体训练方法如下:

（1）站位和步法的练习：根据站位的不同，选择合理的步法移动方法，进行有球和无球走位练习。

（2）半台对全台练习：在击球和步法移动练习中，陪练方的球只能回击到主练方的规定的半台，而陪练方则需要将球回击至对方全台，提高在单一位置中进攻对方多点的能力。

（3）全台对半台练习：陪练方打我全台，而主练方只能将球回击至对方规定半台，提高在不同位置跑动中，进攻对方一点的能力。

（4）全台对全台练习：可同时提高其技术和战术能力。

（5）一帮二练习：一个人单打帮助两个人双打。因为一个人单打去掉了一方双打配合问题，降低了人员成本，且单打回球速度快，有助于培养双打运动员的反应和脚步移动能力。

第六章
乒乓球运动员身体素质训练

一直以来,众多人认为乒乓球围绕着一张小小的台子,移动范围有限,而且球也只有40毫米大,所以对体能要求不高,主要靠技术赢得比赛。但近年来国际乒联实施的包括小球改大球、21分制改11分制、无遮挡发球、有机胶水改无机胶水、赛璐璐球改塑料球及将要进行的提高球网在内等改革都对乒乓球运动员的体能提出了新的要求。否则球的速度、旋转和力量等都不足,难以在高水平的较量中占据主动。因此运动员必须加强身体素质训练。良好的身体素质基础是技战术训练的基础,是形成和保持竞技状态,胜任紧张比赛不可缺少的重要条件。运动员身体素质的提高,间接反映出机能体能水平的提高,这是承担高强度比赛和技战术训练的基础。

身体素质是人体为适应运动的需要所储存的身体能力要素,它是人体肌肉活动基本能力的表现。通常人们把身体素质分成五大类:力量素质、速度素质、柔韧素质、灵敏素质和柔韧素质。根据每个项目的不一样,重点素质也不一样,比如体操运动员对柔韧性要求非常高,举重运动员对力量素质要求非常高,径赛则对速度和耐力有不同要求,球类则要求相对力量、速度和灵敏等身体素质。本章就阐述下乒乓球运动员的身体素质特点和训练方法。

第一节 乒乓球力量素质训练

力量素质是人体工作时克服阻力的能力,它是身体素质的基础和核心,是体育运动的基础,对其他运动素质的发展起着积极的作用。按照肌肉收缩特点可分为动力性力量和静力性力量;按照力量素质与专项的关系分为一般力量和专项力量;依据力量素质与运动员体重的关系,可分为绝对力量和相对力量;按照力量的表现形式氛围最大力量,速度力量和力量耐力。

一、乒乓球力量素质特点

乒乓球运动具有球小、速度快和旋转变化多的特点,加上球台面积相对较小,技术动作主要依靠脚步移动和手臂挥动完成,因此乒乓球的所有击球力量都属于动力性力量。运动中所用力量跟速度力量、相对力量和力量耐力关系密切,而绝对力量使用较少。因此其训练重点包括提高脚步启动和移动速度的下肢力量、提高挥拍速度的上肢力量以及维持身体重心稳定的核心力量训练。

二、乒乓球力量素质训练注意事项

(一)力量训练需全面但又要有重点,兼顾专项特征

力量训练中,一方面要强化四肢、腰、背和臀等部位的大肌肉群和主要肌肉群得到锻炼、提高,同时还需要注意小肌肉群的力量,诸如上肢、颈部、手指和手腕等小肌肉群的力量发展。另外,在全面力量训练基础上,还需要根据专项特点进行专项性力量训练,保证基础力量和专项力量都能均衡发展。

(二)确定阻力大小,根据需要选择相应阻力进行针对性练习

力量训练时,不同负重标准、重复次数占极限重量百分比是不一样的。不同负重标准所练习的重点也不是一样的,因此在练习过程中

需要根据自身需求选择适宜的负重百分比（具体见表6-1和表6-2）。

表6-1　负重标准、重复次数和占用极限百分比的换算

负重标准	一次练习重复的次数	占极限用力重量的百分比
极限重量	2	95%以上
次极限重量	2～3	85%～95%
大重量	4～7	60%～85%
中等大重量	8～12	40%～60%
中等重量	13～18	30%～40%
小重量	19～25	30%以下
很小重量	25次以上	

表6-2　不同重复次数和占用极限用力重量的百分比所起作用

一次练习重复次数	1～3次	4～6次	9～12次	13次以上
占极限力量百分比	85%以上	60%～85%	40%～60%	40%以下
主要作用	发展肌肉协调性和绝对力量	促进肌肉功能性肥大	发展速度性力量	发展小负荷力量耐力

（三）力量训练时，需要全神贯注，念动一致，注意安全

肌肉活动是在神经系统控制下进行的，练习过程中意念要集中，练哪里，要想到哪里，这样更有助于力量的发展。同时，意念集中还可预防运动损伤。

（四）力量训练需掌握正确的呼吸方法

憋气有助于固定胸廓，提高练习的力量，但是憋气会导致胸廓内压力增加，使肺的血液循环受阻，导致脑贫血，甚至产生休克。因此在力量训练时，要注意调整呼吸节奏。具体注意以下几点：

①当用力时间短，能不憋气则不憋气。

②对刚开始训练的人，所给予的极限和次极限练习不要太多，让其学会在练习过程中完成呼吸。

③ 力量练习前，不宜做深呼吸。

④ 可采用慢呼气来协助最大用力训练的练习。

（五）合理安排训练时间

为防止受伤，在最大力量进行前，可适当安排几组轻重量的练习，以不引起机体疲劳为原则。课堂中安排最大力量训练可在课堂开始和结束部分各进行一次，让机体稍微休息。或者在大负荷训练后，降低负荷重量，做1～2组练习后，再进行主要力量的练习。最后极限用力后，需休息10～15分钟；采用极限重量的50%负荷，重复练习的间歇应为2～5分钟。在进行同等重量多次练习时，可根据重量适当延长组间休息时间。

三、乒乓球力量素质训练

力量训练手段多种多样，兼顾部位也是全身，但是主要涉及上肢、下肢和腰腹力量，因此本文列出几种常用练习上肢、下肢和腰腹部的一般训练和专项力量训练手段。

（一）上肢力量练习

1. 一般力量练习

（1）持哑铃动作：哑铃推举/前平举/侧平举/扩胸/屈伸。

（2）徒手练习：俯卧撑、指握撑、仰握撑。

（3）杠铃动作：颈后推举、直臂上举、斜上推举等。

2. 专项力量练习

（1）持铁质球拍进行各种挥拍动作练习。

（2）持哑铃进行各种挥拍动作练习。

（3）执拍手进行掷远练习。

（4）连续快速挥拍动作练习。

（5）拉橡皮条做上摆、下摆或相应挥拍击球动作。

（二）下肢力量练习

1. 一般力量练习

（1）徒手练习：单腿跳、纵跳、挺身跳、蛙跳、跳起转身等各种跳跃练习。

（2）杠铃练习：肩负杠铃半蹲起、肩负杠铃蹲起、肩负杠铃弓箭步跳、肩负杠铃弓箭步走、肩负杠铃左右跨跳、肩负杠铃提踵。

2.专项力量练习

（1）负重半蹲侧滑步练习。

（2）负重交叉步移动练习。

（3）负重背心或绑护腿进行各种步法移动练习。

（4）并步半蹲，左、右移动。

（5）垫步半蹲向前、后跑动等。

（三）腰腹部核心力量练习

（1）一般力量练习：仰卧起坐、仰卧举腿、仰卧转体、仰卧两头起、仰卧蹬伸、俯卧后屈体、俯卧两头起。

（2）专项力量练习：借助瑞士球（平衡球）等器械进行卷腹、举腿、背起等练习或躺在瑞士球上进行挥拍练习，又或躺在瑞士球上手拿杠铃进行左右转体练习等。

第二节　乒乓球速度素质训练

速度素质是人体快速运动的能力或在最短时间内完成某种运动的能力。按其在运动中的表现可分为反应速度、动作速度和位移速度（移动速度）三种形式。反应速度指的是人体对各种刺激信号的快速应答能力。动作速度是人体或人体某一部位快速完成动作的能力。移动速度则是人体在特定方向上位移的速度，通常以单位时间内机体移动的距离为评定指标。

一、乒乓球速度素质特点

对乒乓球运动而言，其专项速度是指非周期性的单个动作速度，如击球的挥臂速度及为了取得适宜位置迎击来球的步法移动速度，这些速度与短跑的速度有着明显的区别。因此通常认为乒乓球的专项速度包括反应速度、步法移动速度和挥拍击球速度。实践表明，力量和速度之间存在转移规律，力量素质对速度素质的提高起着至关重要的作用，速度的提高离不开力量的提高。

二、乒乓球速度素质训练注意事项

（一）合理安排训练时间

速度训练宜安排在课堂前半部分，精力充沛的时候进行，持续时间不宜过长，以20～30秒为限。练习次数和组数不宜过多，防止因机体疲劳导致反应变慢和动作速度变慢达不到练习效果。另外，练习中，组与组之间休息时间应当充分，让机体充分休息后再进行下一组练习。

（二）速度练习与力量、灵敏和协调等相结合

速度练习通常不是单一的速度练习，会与快速力量、灵敏和协调性相结合练习。但注意在结合力量练习时，其负重应比单纯力量练习时小，即负重原则是不影响速度效果。

三、乒乓球速度素质训练

1. 反应速度练习

（1）听"信号"做急跑、急停或跨步、侧身步法、跳步和交叉步等步法训练。

（2）向球台上方抛球，练习者根据球落台后弹起的反方向跑动。

（3）在多球回合练习中，一方不断变线，另一方迅速做出反应。

（4）由俩人在球台球台同侧交替发球，一人在球台另一端接发球练习。

2. 移动速度移动练习

（1）绕球台侧滑步。

（2）徒手的左右并步、跳步、跨步以及侧身步练习，30秒至1分钟为一组。

（3）徒手推、侧和扑步法练习，30秒至1分钟为一组。

（4）徒手长、短球步法练习，30秒至1分钟为一组。

（5）多球练习：结合打法和练习步法，采用多球提高步法移动速度。

3.动作速度练习

（1）加强上肢力量练习，力量越大，挥拍速度越快。

（2）在限定时间内要求运动员采用最快速度或频率完成挥拍次数。

（3）采用辅助器械如音乐节拍强化动作频率来提高起动作速度。

（4）利用器械重量变化后的后效作用进行练习。

第三节 乒乓球灵敏素质训练

灵敏素质是人体迅速改变体体位、转换动作和随机应变的能力。它是多种运动技能和身体素质在运动中的综合表现，是一种较为复杂的运动素质。

一、乒乓球灵敏素质特点

灵敏素质是运动技能和身体素质在运动中的综合表现，它具有典型的项目特点，比如体操运动员的灵敏表现出对身体姿势的良好和转换动作的能力，乒乓球的灵敏性则表现对外界环境变化而准确更换动作做出反应的能力。

二、乒乓球灵敏素质训练注意事项

1.合理安排训练时间和强度

灵敏素质的训练最重要的是提高运动员大脑皮质神经过程的灵活性和兴奋性，只有大脑皮质的灵活性和兴奋性高，才能使运动器官对外界刺激做出反应，所以灵敏性练习和速度练习一样，宜安排在课堂前半部分。每次练习持续时间不宜过长,以20~30秒为限。练习次数和组数不宜过多,组与组之间休息时间应当充分。

2.灵敏练习与力量、速度和协调等相结合练习

灵敏素质作为一种综合素质的体现,与力量、速度和协调性有着重要联系,因此灵敏性练习应结合所练项目的运动特点来设计自己实际锻炼的内容。

三、乒乓球灵敏素质训练

(1)针对技术练习,训练中采用多球练习,加强正确技术动作定型的建立,能在一定程度上提高灵敏性。

(2)采用软梯训练:通过软梯进行直线方向、水平方向、直线结合水平方向的跑、跳等练习。

(3)采用标志盘训练:听从口令,围绕标志盘进行移动中的变线练习。

第四节　乒乓球耐力素质训练

耐力是人体长时间进行肌肉工作的运动能力,也成为抗疲劳能力。其按运动时的外部表现可分为速度耐力、力量耐力和静力耐力等;按照该项工作所涉及的主要器官可划分为呼吸循环系统耐力、肌肉耐力和全身耐力;按照供能系统需求分为有氧耐力和无氧耐力;按照与专项关系分为一般耐力和专项耐力。

一、乒乓球耐力素质特点

乒乓球是一项以有氧供能为主的运动项目,但是磷酸原系统(ATP-CP,无氧供能系统)在单次击球时起着主要作用。所以乒乓球运动同时需要有氧耐力和专项耐力素质。

二、乒乓球耐力素质训练注意事项

耐力素质训练相对较为枯燥，而且容易疲劳，因此训练中尽量采用集体练习，手段多样化，以避免枯燥。在耐力练习过程中，需要重视呼吸问题，在练习中有意识的调节、控制呼吸的节奏，调节呼吸的深度和改变呼吸的方式，能使机体保持良好的运动状态。最后，耐力素质的训练是一个长期的过程，要持之以恒。

三、乒乓球耐力素质训练

耐力素质训练通常采用以下方法：
① 800～3000米的练习，根据长度的不同，要求不同的速度。
② 3分钟跳绳：根据水平能力练习单摇、双摇或花样跳等。
③ 3分钟推侧扑/交叉步/长短球步法训练。
④ 多球步法练习3～5分钟。

第五节　乒乓球柔韧素质训练

柔韧性是指用力做动作时扩大动作幅度的能力。柔韧性的好坏对动作具有重要意义。柔韧性越好，动作就越舒展和协调，同时还能减少运动损伤，因此其越来越受到重视。

一、乒乓球柔韧素质特点

相对于技能主导类表现难美性项群而言，乒乓球对柔韧性的要求相对较低，但是起对肩、髋和腕关节的柔韧性要求较高。因此在训练中需要重视这几个关节的柔韧性。

二、乒乓球柔韧素质训练注意事项

柔韧性的练习也和其余素质一样，遵循着由简到繁，由易到难，循序渐进的过程。动作幅度也是遵循从小到大的顺序。在练习

乒乓球教程

过程中，练习者的注意力集中在相关部位，而且是动静结合，刚柔相济，协调发展。

三、乒乓球柔韧素质训练

乒乓球柔韧性练习与一般项目柔韧性练习差别不大，主要采用以下方法：压肩练习、正/侧压腿、后下屈体、侧躯体、踝屈伸、腕屈伸等方式。

第七章 乒乓球竞赛

第一节 乒乓球竞赛基本规则

一、球台

1. 球台的上层表面叫做比赛台面，应为与水平面平行的长方形，长2.74米，宽1.525米，离地面高76厘米。
2. 比赛台面不包括球台台面的垂直侧面。
3. 比赛台面可用任何材料制成，应具有一致的弹性，即当标准球从离台面30厘米高处落至台面时，弹起高度应约为23厘米。
4. 比赛台面应呈均匀的暗色，无光泽。沿每个2.74米的比赛台面边缘各有一条2厘米宽的白色边线，沿每个1.525米的比赛台面边缘各有一条2厘米宽的白色端线．
5. 比赛台面由一个与端线平行的垂直于台面的球网划分为两个相等的台区，各台区的整个面积应是一个整体。
6. 双打时，各台区应由一条3毫米宽的白色中线划分为两个相等的"半区"。中线与边线平行，并应视为右半区的一部分。

二、球网装置

1. 球网装置包括球网、悬网绳、网柱及将它们固定在球台上的夹钳部分。
2. 球网应悬挂在一根绳子上,绳子两端系在高15.25厘米的直立网柱上,网柱外缘离开边线外缘的距离为15.25厘米。

3. 整个球网的顶端距离比赛台面15.25厘米。

4. 整个球网的底边应尽量贴近比赛台面,球网的两端必须整体附着在网柱上。

三、球

1. 球应为圆球体,直径为40毫米。

2. 球重2.7克。

3. 球应用赛璐珞或类似的材料制成,呈白色、黄色或橙色,且无光泽。

四、球拍

1. 球拍的大小,形状和重量不限,但底板应平整、坚硬。

2. 底板厚度至少应有85%的天然木料;加强底板的粘合层可用诸如碳纤维,玻璃纤维或压缩纸等纤维材料,每层粘合层不超过底板总厚度的7.5%或0.35毫米。

3. 用来击球的拍面应用一层颗粒向外的普通颗粒胶覆盖,连同黏合剂,厚度不超过2毫米;或用颗粒向内或向外的海绵胶覆盖,连同黏合剂,厚度不超过4毫米。

(1)"普通颗粒胶"是一层无泡沫的天然橡胶或合成橡胶,其颗粒必须以每平方厘米不少于10颗,不多于30颗的平均密度分布整个表面。

(2)"海绵胶"即在一层泡沫橡胶上覆盖一层普通颗粒胶,普遍颗粒胶的厚度不超过2毫米。

4. 覆盖物应覆盖整个拍面,但不得超过其边缘。靠近拍柄部分以及手指执握部分可不予以覆盖,也可用任何材料覆盖。

5. 底板、底板中的任何夹层、覆盖物以及黏合层均应为厚度均匀的一个整体。

6. 球拍两面不论是否有覆盖物，必须无光泽，且一面为鲜红色，另一面为黑色。

7. 球拍覆盖物不得经过任何物理的、化学的或其他处理。由于意外的损坏、磨损或褪色，造成拍面的整体性和颜色上的一致性出现轻微的差异。只要未明显改变拍面的性能，可以允许使用。

8. 比赛开始前及比赛过程中，运动员需要更换球拍时，必须向对方和裁判员展示他将要使用的球拍，并允许他们检查。

五、定义

1. "回合"：球处于比赛状态的一段时间。

2. "球处比赛状态"：从发球时球被有意向上抛起前静止在不执拍手掌上的最后一瞬间开始，直到该回合被判得分或重发球。

3. "重发球"：不予判分的回合。

4. "一分"：判分的回合。

5. "执拍手"：正握着球拍的手。

6. "不执拍手"：未握着球拍的手。"不执拍手臂"：不执拍手的手臂。

7. "击球"：用握在手中的球拍或执拍手手腕以下部分触球。

8. "阻挡"：对方击球后，在比赛台面上方或向比赛台面方向运动的球，尚未触及本方台区，即触及本方运动员或他穿（戴）的任何物品，即为阻挡。

9. "发球员"：在一个回合中首先击球的运动员。

10. "接发球员"：在一个回合中第二个击球的运动员。

11. "裁判员"：被指定管理一场比赛的人。

12. "副裁判员"：被指定在某些方面协助裁判员工作的人。

13. 运动员"穿或戴（带）"的任何物品，包括他在一个回合开始时穿或戴（带）的任何物品。

14. 球台的"端线"，包括端线两端的无限延长线。

六、合法发球

1. 发球时，球自然置于不执拍手的手掌上，手掌张开，保持静止。

2. 发球员须用手把球几乎垂直地向上抛起，不得使球旋转，并使球在离开不执拍手的手掌之后上升不少于16厘米，球下降到被击出前不能碰到任何物体。

3. 当球从抛起的最高点下降时，发球员方可击球，使球首先触及本方台区，然后直接触及接发球员的台区。在双打中，球应先后触及发球员和接发球员的右半区。

4. 从发球开始，到球被击出，球始终在比赛台面的水平面以上和发球员的端线以外。而且从接发球方看，球不能被发球员或其双打同伴的身体或他们所穿戴（带）的任何物品挡住。

5. 球一旦被抛起，发球员的不执拍手臂应立即从球或球网之间的空间移开。和球网之间的空间由球和球网及其向上的延伸来界定。

6. 运动员发球时，有责任让裁判员或副裁判员确信他的发球符合规则的要求，且裁判员或副裁判均可判定发球不合法。

如果裁判员或副裁判员对发球的合法性不确定，在一场比赛中第一次出现时，可以中断比赛并警告对方。但此后如该运动员或双打同伴的发球不是明显合法，将被判发球违例。

7. 运动员因身体伤病而不能严格遵守合法发球的某些规定时，可由裁判员做出决定免予执行。

七、合法还击

对方发球或还击后，本方运动员必须击球，使球直接或触及球网装置后触及对方台区。

八、比赛次序

1. 在单打中，首先由发球员发球，再由接发球员还击，然后发球员和接发球员交替还击。

第七章 乒乓球竞赛

2.在双打中，除了本条目下3规定的条款外，首先由发球员发球，再由接发球员还击，然后由发球员的同伴合法还击，再由接发球员的同伴合法还击，此后，运动员按此次序轮流还击。

3.在双打中，当配对中至少有一名运动员由于残疾而坐轮椅时，发球员应先发球，接发球员应还击，此后该配对的任何一名运动员均可还击。然而，该配对中，运动员轮椅及站立运动员脚步的任何部分均不能超越球台中线的假定延长线。如果超越，裁判员将判对方得1分。

九、重发球

1.回合出现下列情况应判重发球：

（1）如果发球员发出的球触及球网装置后成为合法发球或被接发球员或其同伴阻挡。

（2）如果接发球员或其同伴未准备好时，球已发出，而且接发球员或其同伴均没有企图击球。

（3）由于发生了运动员无法控制的干扰，而使运动员未能合法发球、合法还击或遵守规则。

（4）裁判员或副裁判员暂停比赛。

（5）由于身体残疾而坐轮椅的运动员在接发球时，发球员进行合法发球后，出现下列情况：

① 在触及接发球员的台区后，朝着球网方向运行。

② 球停在接发球员的台区上。

③ 在单打中，球在触及接发球员的台区后，从其任意一条边线离开球台。

2.可以在下列情况下暂停比赛：

（1）由于要纠正发球、接发球次序或方位错误。

（2）由于要实行轮换发球法。

（3）由于警告或处罚运动员。

（4）由于比赛环境受到干扰，以致该回合结果有可能受到影响。

十、一分

除被判重发球的回合，下列情况下运动员得一分：

1. 对方运动员未能正确发球。
2. 对方运动员未能正确还击。
3. 运动员在发球或还击后，对方运动员在击球前，球触及了除球网装置以外的任何东西。
4. 对方击球后，球没有触及本方台区而越过本方台区或端线。
5. 对方击球后，球穿过球网，或从球网和网柱之间、球网和比赛台面之间通过。
6. 对方阻挡。
7. 对方故意连续两次击球。
8. 对方用不符合本节第四条目3、4和5条款的拍面击球。
9. 对方运动员或他穿戴的任何东西使比赛台面移动。
10. 对方运动员或他穿戴的任何东西触及球网装置。
11. 对方运动员不执拍手触及比赛台面。
12. 双打时，对方运动员击球次序错误。
13. 执行轮换发球法时，出现本节第十五条目4条款情况。
14. 如果双方运动员或双打配对由于身体残疾而坐轮椅：

（1）对方击球时，其大腿后部未能和轮椅或坐垫保持最低限度的接触。

（2）对方击球前，其任意一只手触及比赛球台。

（3）比赛中对方的脚垫或脚触及地面。

15. 比赛次序出现本节第八条目3条款情况

十一、一局比赛

在一局比赛中，先得11分的一方为胜方。10平后，先多得2分的一方为胜方。

十二、一场比赛

一场比赛由奇数局组成。

十三、发球、接发球和方位的次序

1. 选择发球、接发球和方位的权力应由抽签来决定。中签者可以选择先发球或先接发球，或选择先在某一方位。

2. 当一方运动员选择了先发球或先接发球，或选择先在某一方后，另一方运动员必须有另一个选择。

3. 在获得每2分之后，接发球方即成为发球方,依此类推，直至该局比赛结束，或者直至双方比分都达到10分或实行轮换发球法时，发球和接发球次序仍然不变，但每人只轮发一分球。

4. 在双打的第一局比赛中，先发球方确定第一发球员，再由先接发球方确定第一接发球员。在以后的各局比赛中，第一发球员确定后，第一接发球员应是前一局发球给他的运动员。

5. 在双打中，每次换发球时，前面的接发球员应成为发球员，前面的发球员的同伴应成为接发球员。

6. 一局中首先发球的一方，在该场下一局应首先接发球。在双打决胜局中，当一方先得5分时，接发球方应交换接发球次序。

7. 一局中，在某一方位比赛的一方,在该场下一局应换到另一方位。在决胜局中，一方先得5分时，双方应交换方位。

十四、发球、接发球和方位的错误

1. 裁判员一旦发现发球、接发球次序错误，应立即暂停比赛，并按该场比赛开始时确立的次序，按场上比分由应该发球或接发球的运动员发球或接发球；在双打中，则按发现错误时那一局中首先有发球权的一方所确立的次序进行纠正，继续比赛。

2. 裁判员一旦发现运动员应交换方位而未交换时,应立即暂停比赛，并按该场比赛开始时确立的次序，按场上比分运动员应站的正确方位进行纠正，再继续比赛。

3.在任何情况下，发现错误之前的所有得分均有效。

十五、轮换发球法

1.除了本条目下2条款的情况外，一局比赛进行到10分钟或者在任何时间应双方运动员或配对的要求，应实行轮换发球法。

2.如果一局比赛已达到至少18分，将不实行轮换发球法。

3.实行轮换发球法的时间到时，球处于比赛状态，裁判员应理解暂停比赛，由被暂停回合的发球员发球，继续比赛；如果实行轮换发球法时，球未处于比赛状态，应由前一个回合的接发球员发球，继续比赛。

4.此后，每位运动员都轮发一分球，直至该局结束。如果接发球方进行了13次合法还击，则判接发球方得一分。

5.实行轮换发球法不能更改比赛中按照本节第十三条目6条款所确定的发球和接发球次序。

6.轮换发球法一经实行，将一直执行到该场比赛结束。

第二节 乒乓球裁判临场操作程序

一、乒乓球裁判员工作流程

1.裁判员必须提前30分钟到场。

2.裁判长召集赛前短会。宣布各台裁判员名单，下发比赛任务书，提具体要求。

3.裁判员组织本台比赛的赛前准备工作。

4.完成比赛中每分，每局，每场的裁判任务（宣判得失分和比赛结果）。

5.比赛结束后各台裁判员上报比赛成绩。

6.遇到特殊问题报告裁判长。

第七章　乒乓球竞赛

二、乒乓球裁判员临场操作程序

(一) 裁判员赛前准备

1. 赛前30分钟，向裁判长或指定的代理人报到，作好执裁准备。

2. 赛前15分钟，在指定的区域负责挑球、检查球拍、服装（包括广告）、双打/团体比赛中短裤和短裙、号码布（如果要求佩戴）等。

3. 赛前10分钟，拿到指定球台的记分单和选好的比赛用球。

4. 进入比赛区域前，裁判员和副裁判员就任何与将要比赛有关的问题进行讨论和交流，就谁控制练习时间、局间间歇时间（一般是副裁判员）和谁控制暂停时间（一般是裁判员）达成一致意见。双方清楚如何在该场比赛中进行交流，而不必在回合间或局间非得借助语言和行动（等形式）。

5. 赛前5分钟排队进场，在赛区入口排成一队准备入场，裁判员站在队伍前面，左手拿着记分单和球。入场时注意以下事项：

（1）注意进入比赛区域时，裁判员和副裁判员手里不能有任何其他东西，裁判器材、诸如笔、秒表、量网尺（塑料及金属）、黄/红/白牌、挑边器、毛巾应放在口袋内，不能露在外面或挂在制服或脖子上摇晃。将手提包和私人物品放至比赛区域外指定地方。唯一例外的则是，将已检测的球拍装入信封（没有信封则用袋子），由裁判员或副裁判员带入比赛区域。不应像袋子那样拎着，而应像文件夹那样携带。

（2）当裁判队伍准备好时，裁判员带领整个队伍，迈着整齐的步伐，直线进入指定的赛区。在最后一天比赛的主要场次中，可能会有适当音乐引导，并介绍出场的运动员和裁判员。无论有无音乐，裁判员队伍均应该迈着稳健的步伐、轻微地摆臂直线前进。这样做的目的不是模仿军队阅兵，而是为了体现一种精神，即一支统一的队伍正准备执行任务。

（3）通常各组裁判会排成一队同时入场，在走向各自的球台。在这种情况下，裁判员和副裁判员各自走向指定的区域集合。裁判员队伍应按照球台的顺序排好队，一个接一个进入比赛区域。

6. 每组裁判到达各自的区域，并走向裁判椅。一进入比赛区，裁判员和副裁判员即应站立直到所有裁判员都到达指定的位置。

7. 裁判员决不要跨越挡板，应该在两个挡板之间打开一个空隙，优雅地走过。而后关上这个空隙。

（二）到达比赛场地

一进入比赛赛区，裁判员和副裁判员都应该走向裁判椅。裁判员应站在裁判椅离入口较远的一侧，手拿记分牌和球，以立正的姿势，将手放在身体两侧；副裁判员以同样的姿势站在裁判椅的另一侧。在裁判长没有其他要求时，按照以上流程和站位。如有条件，场地广播员应像观众和媒体介绍裁判员和姓名和协会。如果介绍，被叫到名字的裁判员向前迈一小步，然后退回到原来位置，身体方向保持不变，不要转头、转身、鞠躬或举手示意。如果没有介绍，则在该处停留至少5秒，副裁判员跟随裁判员，保证他们俩同时开始执行临场的职责。在某些比赛，尤其是特备重要的比赛中，运动员将与裁判员一起入场。通常次序是：裁判员—运动员—副裁判员。在此情况下，一名/对/队运动员站在裁判员的一侧，另一名/对/队运动员站在副裁判员的一侧。当介绍完运动员和裁判员后在开始执行赛前职责。

（三）赛前程序

1. 开始练习前，裁判员应该完成：

（1）球拍检查。在大部分重要赛事中，球拍已于赛前检查并装入信封（纸袋）带回球台。从信封中拿出两块球拍，放在球台同一侧，由运动员取回。不要将装有球拍的信封递给运动员。

（2）继续衣服颜色的检查：如果赛前并未完成此项检查，则进行此项检查。

（3）检查运动员号码和名字（如果组委会要求佩戴）。

（4）单项比赛，确定场外指导者。

（5）使用挑边器进行抽签，确定发球、接发球次序和方位。

（6）如果副裁判员对练习时间进行计时，确保他（她）准备开表。

（7）完成记分单上相关信息的填写（如果裁判员椅子上没有小台板或地方放置记分单，此种情况下，推荐副裁判员完成记分单的填写）。

（8）选手练习时，裁判员应该坐在裁判椅上。

2.在裁判员履行上述职责时，副裁判员应该完成：

（1）确保比分和局分无显示（图7-1）。当双方运动员到达赛场时，将翻分器上的局分调整至0：0（图7-2）。

（2）检查网高和张力。

（3）检查球台和底板是否干净，拿走任何碎屑。

（4）将挡板摆放整齐。

（5）如果裁判长或组委会提供了名牌，将他们放在合适的地方。

（6）练习一开始，立即启动秒表。

（7）完成上述职责后，在选手练习期间，副裁判员坐在副裁判员椅子上。

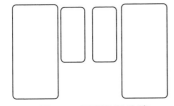

图7-1　开赛前记分牌

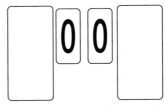

图7-2　球员抵达球场记分牌

（四）开始比赛

1.练习时间到，负责计时的裁判员或副裁判员举起手臂并宣布"时间到"。

2.裁判员看到发球员甲和接发球员乙是否准备好后，宣告：甲对乙，第一局比赛，指向发球员并报："甲发球，0比0"。注意事项：

（1）在宣告前确保发球员已经拿到球。不再在宣告前要回运动员手中的球。

（2）裁判员应尽量准确报出每个运动员的名字。如果发音不准确，应在检查球拍时询问运动员。

（3）团体比赛中，用队名代替运动员姓名。

3.副裁判员将比分调至0：0（图7-3），启动秒表，比赛开始。

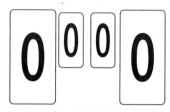
图7-3 第一局比赛开始记分牌

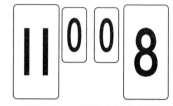
图7-4 一局结束计分示例

（五）比赛过程中

1.裁判员需要做到：

（1）报分清楚洪亮，保证教练员席的人都能听到和听懂报分。

（2）控制比赛时间或指定副裁判员控制每局比赛时间。

（3）监督并确保发球合法。

（4）监督并确保选手的行为合法。

（5）在局与局之间，确保选手的球拍放在球台上，除非球拍绑在运动员的手上。

（6）确保比赛的连续性、擦汗和暂停的时间都不能超出规定。

（7）监督并确保教练员的指导合法。在分与分之间，特别是交换发球和方位时，裁判员应转过头监督双方的指导者。或者裁判员和副裁判员达成一致，各自监督自己方便观察的指导者或其右方的指导者。

2.副裁判员在比赛许可的间歇内，负责捡回比赛用球，将其交给裁判员保管直至间歇时间结束。

（六）一局比赛结束

1.裁判员报告比分，指向获胜方，并宣布"该局甲获胜"，并在记分单上记录比分。

2.副裁判员负责捡回比赛用球，并递给裁判员，直至下局比赛开始。

3.记分牌比分将保持到下一局开始(图7-4)。

(七)下一局比赛开始

1.裁判员将球扔给运动员,看发球员和接发球员都准备好后,宣布"第X局比赛",指向发球员并报"乙发球,0比0"。

2.副裁判员将比分调至0:0(图7-5),启动秒表,比赛开始。

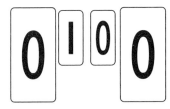
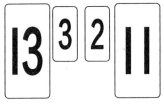

图7-5 新局(第二局)开始示例　　图7-6 终盘计分示例

(八)赛后宣布

1.裁判员应该宣告比分,并指向获胜方宣布"甲获胜该局和该场比赛,甲4比3获胜该场比赛。"

2.副裁判员翻分牌显示(见图7-6)。

(九)赛后操作程序

1.裁判员在记分单上记录比分,单项比赛要求双方运动员在记分单上签名,团体比赛则需要队长签名(如果裁判长要求)。

2.副裁判员将比分显示器恢复为空白(见图7-1)。收好比赛用球和球拍(如果需要),将场地条件恢复到合适的状况。

(十)比赛结束——裁判员退场

1.裁判员和副裁判员在裁判椅或桌处集合,裁判员靠近出口一侧,由他带领副裁判员离开,而无需穿越副裁判员的线路。

2.裁判员左手拿记分单在后,副裁判员随后,退场时没有音乐伴随。

3.裁判员和副裁判员填写正确的记分单直接交裁判长席签字。裁判长(或指定的值班副裁判长)应检查记分单是否填写完整和正确。签字后送成绩处理处。

4.裁判员结束执裁任务后不应该在赛场内逗留或闲逛,如果他们希望观看其他正在进行的比赛,应该退出赛区到为官员和观众开放的观看区域去。

(十一)注意事项

1.不管任何理由,凡出现在比赛区域的裁判员、裁判长、评估师必须穿着指定服装或制服,时刻警觉周围环境,留意由于他们的出现和交谈影响比赛的连贯性和观赏性。

2.裁判员避免在赛前、赛中或赛后和运动员闲聊。裁判员应回答运动员的提问,或解释裁判的判分依据,但决不允许挑起与比赛无关的话题。

3.当比赛官员身穿统一制服时,应注意他们自己所代表的协会,更重要的是他们的行为将会给所有官员带来影响。在国际赛事中,所有来访裁判员都是主办方的客人,无论赛场内外,他们都应该尊重当地的传统和风俗习惯。

4.在任何情况下,裁判员都不能因自己活其他竞赛官员的行为与观众或媒体工作人员直接发生关系。遇到类似的情况应直接报告裁判长或竞赛主任。

三、裁判员手势

比赛中,相应的场景出现(见表7-1),均采用以下这三种手势表示(图7-7)。同时须要注意的是比赛场上裁判员手势一定要及时和规范,确保信息传递到位。

表7-1 裁判员手势

使用场景	指示发球/胜利 图7-7(a)	示意得分 图7-7(b)	高举过头 图7-7(c)
一局比赛开始指向发球方	√		
宣告一局比赛获胜方	√		
宣告一场比赛获胜方	√		
得分		√	

续表

使用场景	指示发球/胜利 图7-7（a）	示意得分 图7-7（b）	高举过头 图7-7（c）
发球擦网			√
发球违例			√
第一次怀疑发球不合法			√
副裁判员第二次怀疑发球不合法			√
比赛中断			√
比赛中发球、接发球和方位错误			√
比赛中教练员非法指导			√
副裁判员发现运动员阻挡			√
球触及靠近副裁判员一侧球台的侧面			√
练习时间到			√
局间休息时间到			√
暂停时间到			√
比赛时间到			√
请求暂停			√
第一次和第二次不良行为出现			√

(a) 指示发球/胜利　　(b) 示意得分　　(c) 高举过头

图7-7　裁判员手势

第三节　乒乓球竞赛方法

乒乓球被称为我国的"国球",具有广泛的群众基础。广大乒乓球爱好者们经常会有机会参加或者组织不同类别的乒乓球比赛,本节的目的在于介绍现在乒乓球比赛中常用的赛制。

一、循环赛

(一)循环赛的概念和优、缺点

1.概念:循环赛是同组的参赛队(人)之间各相互比赛一次。循环赛分为单循环赛和双循环赛,通常采用单循环赛制较多。它不仅是乒乓球中常用的比赛方法,同时也是其他球类竞赛最常用的一种基本比赛方法,特别是在足球、篮球、排球等集体项目的第一阶段。目前乒乓球世界锦标赛、州锦标赛团体比赛的第一阶段、职业巡回赛、世界杯、世界锦标赛各单项比赛和奥运会团体比赛第一阶段都采用此法。

2.循环赛的优点。

(1)比赛机会多,可充分学习和交流。

(2)比较结果偶然性和机遇性小。

(3)比赛的名次相对合理,能够反映出各队的实力。

3.循环赛的缺点:

(1)比赛场地多,比赛时间长。

(2)难以知道谁是冠、亚军。

(3)容易出现打假球的现象。

(二)场数和轮数的计算

1.场数和轮数的概念

(1)一轮:单循环赛中,各队或各选手普遍出场比赛一次,称之为"一轮"。

（2）一场：单循环赛中，每2个队或两个选手之间比赛一次，称之为"一场"。

2. 场数的计算

场数=n×(n-1)/2〔其中n为参赛的人（队）数〕

例如：5个人进行单循环比赛，则比赛总共有5×(5-1)/2=10（场）。

3. 轮数的计算

当参赛者为偶数时，总轮数为参赛者人数减1；当参赛者人数为奇数时，总轮数就等于参赛者人数。这就说明单循环赛的轮数一定是奇数。

例如：5个人进行单循环比赛，轮数为5轮；6个人进行单循环比赛，轮数为6-1=5轮。

（三）单循环赛的比赛轮转方法

单循环最常采用1号位置不动的逆时针轮转方法。其具体做法是将比赛人数的前一半号码从上至下依次排列在左侧，后一半号码则从下往上依次排列在右侧，遇到奇数时就用0补齐，遇到0则表示轮空，左右一一对应并用横线连起来，即排出第1轮比赛次序（见表7-2）。第2轮的比赛次序则是1号位置不动，其他号码按照逆时针方向轮转一个号，即可排出。之后依此类推。具体轮转方法见（见表7-3）。

表7-2　参赛队为6人循环赛轮次表

第一轮	第二轮	第三轮	第四轮	第五轮
1-6	1-5	1-4	1-3	1-2
2-5	6-4	5-3	4-2	3-6
3-4	2-3	6-2	5-6	4-5

表7-3　参赛队为5人循环赛轮次表

第一轮	第二轮	第三轮	第四轮	第五轮
1-0	1-5	1-4	1-3	1-2

续表

第一轮	第二轮	第三轮	第四轮	第五轮
2-5	0-4	5-3	4-2	3-0
3-4	2-3	0-2	5-0	4-5

（四）单循环赛名次的计算

1.计分方法：胜一场得2分，负一场得1分，弃权得0分（记对手胜利）。循环赛的比赛名次以各队得分多者名次前列。

2.如果比赛中有2个或者更多的队得分一样，那么他们的名次则按照他们相互之间的比赛成绩决定。具体是：先计算他们之间获得的场次分数（团体比赛相等，则计算个人比赛场次的胜负比率），之后计算局数的胜负比率，之后在计算所有局中得失分的比率，直至计算出名次。如果最终计算出来，剩余队伍（运动员）所有得失分比率仍然相同，就能用抽签的方法来决定最终成绩。

3.在任何一个阶段，如果已经决定出一个或更多队（运动员）的名次，其他队的得分仍然相等，则删除决定出名次的队伍相关成绩，其余队伍则重新按照计算程序（积分、场次、局、分）继续计算得分相等的队伍。

4.举例说明

（1）积分相同时，场次胜负决定排名。举例如表7-4中成绩：

表7-4

	A	B	C	D	场分胜负	积分	名次
A	—	A胜	C胜	A弃权	1胜1负1弃权	3	?
B	A胜	—	C胜	D胜	0胜3负	3	?
C	A胜	C胜	—	D胜	1胜2负	4	2
D	D胜	D胜	D胜	—	3胜0负	6	1

积分表明，D、C分别获得第1、2名。

A和B虽然积分一样，但A胜场（1场）多于B（0场），因此A为第3名，B为第四名。

第七章　乒乓球竞赛

（2）积分和场次胜负相同时，局分胜负比率决定排名。举例如表7-5中成绩：

表7-5

	A	B	C	D	场次胜负	积分	名次
A	—	B胜	A胜	D胜	1胜2负	4	?
B	B胜	—	C胜	D胜	1胜2负	4	?
C	A胜	C胜	—	D胜	1胜2负	4	?
D	D胜	D胜	D胜	—	3胜0负	6	1

首先，排除已知名次的D队，重新计算积分相同之间队伍之间的局分得失。A、B、C队具体局比分如表7-6给出：

表7-6

	A	B	C	积分	局分胜负比率	名次
A	—	2∶3	3∶2	3	5/5	3
B	3∶2	—	0∶3	3	3/5	4
C	2∶3	3∶0	—	3	5/3	2

A：(2+3)/(3+2)=1；B：(3+0)/(2+3)=0.67；C：(2+3)/(3+0)=1.67。所以这三个队中，C第一，A第二，B第三。

（3）如果A、B和C这支队伍之间出现例如表7-7中局比分，胜负比率相同，则需要查核原始的局内比分，计算所有局比赛的总得分和总失分比例。

表7-7

	A	B	C	积分	局分胜负比率	名次
A	—	2∶3	3∶2	3	5/5	?
B	3∶2	—	2∶3	3	5/5	?
C	2∶3	3∶2	—	3	5/5	?

给出所有比赛，每局小分（见表7-8）：

表 7-8

对阵表	第一局	第二局	第三局	第四局	第五局
A VS B	8∶11	11∶9	7∶11	11∶6	8∶11
A VS C	13∶11	11∶9	7∶11	11∶5	9∶11
B VS C	10∶12	11∶9	8∶11	11∶7	8∶11

A 的得分分数/失分分数：
=［(8+11+7+11+8)+(13+11+7+11+9)］/［(11+9+11+6+11)+(11+9+11+5+11)］
= 96/95 = 1.01

B 的得分分数/失分分数
=［(11+9+11+5+11)+(10+11+8+11+8)］/［(8+11+7+11+8)+(12+9+11+7+11)］
= 95/95 = 1.00

C 的得分分数/失分分数
=［(11+9+11+6+11)+(12+9+11+7+11)］/［(13+11+7+11+9)+(10+11+8+11+8)］
= 98/99 = 0.99

所以这三个队中，A 第一，B 第二，C 第三。

二、淘汰赛

（一）淘汰赛的概念和优、缺点

1.概念：运动员按照预先排好的次序进行比赛，胜者进入下一轮，负者淘汰出局，最后一场比赛的获胜者为冠军，负者为亚军。就目前而言，单淘汰赛是一种很好的竞赛方式。

2.淘汰赛的优点：

（1）对抗性强，只有胜者才有机会继续比赛。

（2）可容纳较多运动员（队），需要时间短、场地少。

（3）比赛逐步走向高潮，在高潮中结束。

3.淘汰赛的缺点：

（1）合理性相对差，每个区只有一名选手出线，如果强强过早相遇，负者则无机会在参加比赛。

（2）机遇性强，抽签决定对手。

（3）不完整性：当参赛人数不是 2 的乘方数时，要用轮空（抢号)的方式补齐。

(4)比赛只能决出冠亚军,其余名词需要安排附加赛才能觉出来。

4.克服淘汰赛弊端的方法。

(1)设定种子,提前将种子分区,以克服合理性差的劣势。

(2)有原则的控制抽签克服机遇性强的特点。

(3)用加轮空(抢号)或设置预选赛的方法克服不完整性。

(4)安排附加赛来克服只能决出冠亚军的不足。

(二)场数和轮数的计算

1.场数的计算

场数=参赛人数减1。如12人比赛,那么比赛场次为12-1=11(场)

2.轮数的计算

轮数=以2为底,参赛人数的对数,不为整数时向上取整。如8名运动员出场,其轮次为$\log_2(8)=3$,即需3轮;12人出场,则为$\log_2(12)\approx 3.59$,向上取整即需4轮。

(三)根据报名人数确定号码位置数,后根据位置数确定种子数、轮空数或抢号

注意以下步骤需要按顺序进行:

1.确定号码位置数

淘汰赛的规律是比赛的号码位置数必须是以2的指数幂逐次收缩。所以淘汰赛的第1轮的位置数要求是2的指数幂(以下称"2^n",n为大于零的整数)。比赛前,先根据人数计算出的比赛轮数n,然后将其作为指数算得的2^n即为首轮号码位置数。如6人比赛,需3轮,取$2^3=8$个号码位置数;28人比赛,需5轮,则取$2^5=32$个号码位置数;54人比赛,取64个号码位置数;98人比赛,取128个号码位置数等。

2.确定种子数

(1)种子数量:2^n个为宜,通常不超过号码位置数的四分之一。

(2)种子设定原则:根据国际乒联最新世界排名—洲际排名—

国内排名—上届比赛成绩排名—最近比赛排名—报名单位报名顺序,按照这种顺序设定种子。

(3)确定种子位置数的原则:种子均匀的分布在不同的区域。具体是:1号种子在上半区的顶部;2号种子在下半区的底部;3、4号种子分别在上半区的底部和下半区的顶部;5~8号种子,分别在奇数1/4区底部和偶数1/4区顶部;9~16号种子,分别在奇数1/8区底部和偶数1/8区顶部;17–32号种子,分别在奇数1/16区底部和偶数1/16区顶部。

(4)使用种子号码位置表(见表7-9):这是按照"跟种子"原理排列出来的。查找时根据所设种子数和号码位置数,逐行由左向右摘出小于或等于比赛位置数的数字,顺序对应种子号码,表中读数即为相应种子的比赛位置。

举例说明:有55人比赛,预计设定8名种子。首先确定比赛需取64个号码位置数,则依次从表中顺序摘出小于或等于64的8个数字:1、64、33、32、17、48、49、16;再与种子号码对应,1号种子为1号位置;2号种子为64号位置;以此类推3~8号种子,对应33、32、17、48、49、16号位置。

表7-9 种子位置号码表

1	256	129	128	65	192	193	64
33	224	161	96	97	160	225	32
17	240	145	112	81	176	209	48
49	208	177	80	113	144	241	16
9	248	137	120	73	184	291	56
41	216	169	88	105	152	233	24
25	232	153	104	89	168	217	40
57	200	185	72	121	136	249	8

3.确定轮空、轮空数与轮空位置

(1)概念:淘汰赛的规律第1轮比赛中,当运动员人数少于号码位置数时，没有安排运动员的号码位置称之为"轮空位置"，没有比赛的运动员称之为"轮空"。

（2）轮空数量的计算：轮空位置数=号码位置数－运动员人数。例如50名运动员，设置了64个位置数，那么轮空位置数为64－50=14（轮空位置数）。

（3）轮空位置的确定：轮空也均匀的分布在各区内，在种子和非种子运动员之间优先安排种子；在种子运动员内部，序号在前的种子优先。

（4）使用轮空位置表（见表7-10）：这是按照"跟种子"原理排列出来的。此表可以用来确定不多于四分之一 2^n 个号码位置数的空位位置。查找时根据所设轮空数和比赛号码位置数，逐行由左向右摘出小于比赛号码位置数的数字，即为轮空位置。

举例说明：例如55人比赛，选取64个号码位置数，则有64－55=9个轮空位置。则依次从表中摘出小于64的9个数字：2，63，34，33，18，47，50，15，10，就是需要设定的9个轮空位置。在制表时，需要注意这9个号码位置不安排运动员。

表7-10 轮空位置表

2	255	130	127	66	191	194	63
34	223	162	95	98	159	226	31
18	239	146	111	82	175	210	47
50	207	178	79	114	143	242	15
10	247	138	119	74	183	202	55
42	215	170	87	106	151	234	23
26	231	154	103	90	167	218	39
58	199	186	71	122	135	250	7

4.确定抢号数

（1）抢号的缘由：如果在参加比赛的人数稍大于某个 2^{n-1} 的情况下（空位超过四分之一 2^n 个号码位置数），则可不安排"轮空"，而采用"抢号"的办法。

（2）概念："抢号"就是在一个号码位置上同时安排两名运动员，比赛的胜者抢得该号码位置，负者淘汰。经过一轮"抢号"后，余下的运动员数正好等于2^{n-1}。

（3）抢号位置数的确定：选择少一轮比赛位置数，即2^{n-1}，为新号码位置数。例如38名运动员参加比赛，就应当选用32个号码位置数。

（4）抢号数目的确定：抢号数=运动员人数－号码位置数。例如38名运动员，设置了32个位置数，那么抢号位置数为38-32=6。

（5）抢号位置的确定：抢号和轮空基本上无本质的区别，所以抢号位置号码可以直接从"轮空位置表"中查询（见轮空位置表7-10）。

举例说明：72人参加比赛，设定的位置数为64时，就有71-64=7个抢号位置，那么此时就从"轮空位置表"中依次摘出小于64的7个数字2、63、34、31、18、47、50，对应号码即为抢号位置。抽签时制作双份号签即可。

抢号实际效果与轮空相同，比赛场数和轮数都不会发生改变。区别：轮空直接确定n轮的号码位置；抢号确定n-1轮比赛号码位置，再附加一轮抢号赛。

（四）附加赛

通过附加赛可以决出指定范围或全部选手的名次。

1.比赛方法：每一轮中的胜者与胜者，负者与负者之间进行的比赛，直至排出竞赛所需要确定的名次顺序为止。例如在比赛中，要求排出前8名运动员的名次序，在前8名运动员中安排附加赛，其比赛次序如图7-8所示。

2.比赛场次的计算：淘汰赛加附加赛的场次＝有附加赛的第1轮的场数 × 轮数。比如进入8强以后，决出1～8名所需场数是：4×3=12场。

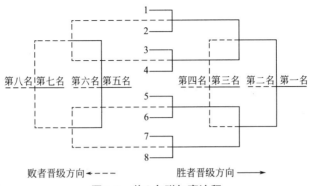

图7-8 前8名附加赛流程

三、混合赛制

(一) 概念和优、缺点

1. 概念：混合赛制是在一次竞赛的不同阶段，分别采用循环赛和淘汰赛两种比赛方法的赛制。这是一种常用的比赛赛制，主要分成先循环后淘汰和先淘汰后循环这两种形式。现在常用第一阶段采用分组循环赛制，第二阶段采用淘汰赛制。

2. 混合赛制优、缺点：混合赛制能在一定程度上克服循环赛和淘汰赛的问题，经常被采用，但是对不分组的循环赛而言，最后排出的名次仍然存在一定机遇性。

(二) 示例

混合赛制示例：例如59支队伍参加团体比赛。第一阶段，将其分成8个小组进行单循环赛；第二个阶段，由各个小组的第1、第2名共16支队伍进行单淘汰赛决出冠亚军，或让前8名的队伍进行淘汰附加赛，决出1～8名的所有名次。

参考文献

[1] 冯爱华,何秋华,李永平.乒乓球运动(第二版).北京:高等教育出版社,2010.
[2] 陈利和,彭跃清.乒乓球入门与技战术图解.北京:蓝天出版社,2010.
[3] 胡启凯.乒乓球学练理论与实践指导.北京:中国书籍出版社,2014.
[4] 郝克勇,王博,严春锦.图解乒乓球入门.北京:化学工业出版社,2013.
[5] 张力.乒乓球快速入门全程图解.北京:化学工业出版社,2015.
[6] 刘丰德,张瑛秋.乒乓球.北京:高等教育出版社,2010.
[7] 程云峰,张虹雷.乒乓球运动.杭州:浙江大学出版社,2015.
[8] 姜涛.乒乓球教育.长春:吉林大学出版社,2010.
[9] 周爱光,刘丰德.乒乓球运动.北京:高等教育出版社,2014.
[10] 吴健,刘杰,洪国梁.乒乓球.北京:化学工业出版社,2012.
[11] 苏丕仁.现代乒乓球运动教学与训练.北京:人民体育出版社,2003.
[12] 岑淮光,王吉生,赵颖.怎样打好乒乓球.北京:人民体育出版社,2001.
[13] 唐建军.现代乒乓球技术教学法.北京:北京体育大出版社,2007.
[14] 王欣,杨博文.乒乓球运动双语教程.北京:清华大学出版社,2014.
[15] 毛振明.体育教学实用案例.北京:人民大学出版社,2010.
[16] 张英波.运动技能学理论与实践.北京:高等教育出版社,2012.
[17] 王雄,沈兆喆.身体功能训练动作手册.北京:人民体育出版社,2015.
[18] 王玉林.太极·文化:教与学.北京:北京体育大出版社,2016.
[19] 张瑛秋.乒乓球规则入门导读.北京:北京体育大出版社,2006.
[20] 中国乒乓球协会编译.乒乓球国际竞赛官员手册.北京:人民体育出版社,2015.
[21] 杜力平.乒乓球裁判工作指南(第二版).成都:西南交通大学出版社,2014.